미래를 여는 힘, 독서토론

미래를 여는 힘, 독서토론

초판 발행 2016년 9월 9일
2 쇄 발행 2017년 7월 14일

지 은 이 김현경, 배철우
펴 낸 이 정봉선
편 집 장 권이준
책임편집 조은혜
펴 낸 곳 정인출판사
주   소 서울시 동대문구 천호대로 16가길 4
전   화 02) 922-1334
팩   스 02) 925-1334
홈페이지 www.junginbook.com
이 메 일 junginbook@naver.com
등   록 1999년 11월 20일 제303-1999-000058호

I S B N 978-89-94273-85-3 (03370)

미래를 여는 힘

독서
토론

김현경 · 배철우 지음

정인

현대사회만큼 창의성교육이 강조된 적은 없었던 것 같다. 그만큼 많은 토론연수와 관련 논문과 책들이 출판되고 있다는 점은 희망적이다. 지금까지 주입식의 교육방식에서 벗어나서 자기 주도적이고 다면적 사고를 부각시키는 교육적 방법론은 이전의 교육방법과 결별을 선언하고 새로운 지식 방법론적 패러다임이 요구된다는 것을 알리는 의미를 갖기 때문이다.

이런 상황을 반영하듯이, 토론에 관한 책도 많이 출판되고 있고 독자들은 다양한 토론 관련 도서를 선택할 수 있게 되었다. 독서토론 또는 토론에 대한 책이 이렇게 많이 출판되었다면서 토론에 관한 책을 왜 또 출판했는지 의문스러울 수 있다. 본 저자는 토론 또는 독서토론에 관한 책들이 토론에 대한 방법론과 절차와 형식에만 너무 치우쳐 있다고 생각한다. 토론의 형식, 논제의 종류와 좋은 논제의 특징, 발문법, 토론 도서 선정하기 내용 등과 같이 토론관련 책을 펼치면 항상 찾아볼 수 있는 일반적 내용만으로는 토론의 핵심을 정확하게 충족시킬 수 없다. 물론 앞서 언급한 일반적 내용도 토론을 공부하거나 지도하는 데에 있어 매우 중요하다. 그러나 토론을 통해 생각의 힘을 키울 수 있다면, 생각하는 방법인 '논리적 사고'를 토론에서 다루지 않는다면 자신이 알고 있는 배경지식을 늘어놓거나 말싸움으로 이어지기 쉬울 것이다.

특히 상대방의 논증을 주장과 논거로 분석해서 이해하는 '논리적 경청', 상대방의 논증을 평가해서 반박할 수 있는 '타당성 검토', '오류론'을 이해하지 못하면서 토론에서 경청(聽)이 중요하다고 강조하는 것은 공허할 수밖에 없다. 기본적이고 핵심적인 생각연습을 하지 않기 때문에 토론대회나 과정에서 상대방을 짓눌러 이겨야 한다며 승패에 집착하는 '차가운 토론'으로 변질되는 것이다. 그럼에도 상대방의 논증의 타당성을 검토해서 반박하는 '논증의 타당성 검토'를 포함시키지 못했다. 너무 논리적인 내용이 많으면 토론 책이 아니라 논리 책으로 분류될 수 있기 때문이다.

독서토론은 종합예술이다. 책을 읽어야 하므로 '읽기능력'이 요구된다. 또 상대방의 논증을 듣고 평가해야 하므로 '경청능력'과 '논리적 분석능력'이 요구된다. 또 자신의 생각을 명확하게 드러내고 논증해야 하기 때문에 '발표와 스피치 능력' 또한 요구된다. 그 무엇보다 상대방의 논증을 존중해 주고 다양한 관점을 인정해주는 '다름에 대한 관용적 태도'가 요구된다. 이 책만으로 이 모든 요구능력을 다 채우기는 어렵겠지만 토론교육을 하는 선생님, 자녀의 토론교육에 관심 많은 학부모, 토론을 배우고자 하는 학생들에게 더 바람직하고 효율적인 토론교육의 좋은 출발점이 되기를 바란다.

이 책이 독자들에게 공개될 것을 생각하니 벌써 부끄러움이 몰려온다. 더 보강해서 이후에 출판할까도 생각했지만 지금 기회가 아니면 언제 완성될지 모른다는 생각에 무모함과 비겁함으로 출판을 결심했다. 지금의 부끄러움은 이후에 계획하고 있는 논리와 토론에 관한 책에서 좀 더 줄여가겠다는 다짐으로 애써 외면하고자 한다. 광야 같은 나의 삶을 가나안 땅으로 이끌어 주시는 하나님, 부족한 아들을 위해 묵묵히 기도해주시는 부모님, 삶의 동반자인 아내와 삶이 힘들까봐 하나님이 선물로 주신 두 딸인 은지와 은아 모두에게 감사드리고, 독서토론 교육에 있어 항상 좋은 모범을 보여주시고 자극을 주시는 공동저자인 배철우 교수님, 출판을 결정해 주신 정인출판사 관계자 분들께 감사드린다.

2016년 9월
김 현 경

■ 목차

토론의 정의와 필요성

1. 토론의 정의와 의미

토론의 어원을 살펴보면 'Debate'라는 단어는 라틴어 동사 'debattuere'에 기원을 두며 'debattuere'는 'de'와 'battuere'라는 의미소로 나눌 수 있다. 접두사 'de'는 '분리하다' 혹은 '제거하다'의 의미이며 어간인 'battuere'은 이후 영어의 '전쟁'이라는 의미로 발전되었다. 라틴어 동사로서의 의미는 'to beat' 즉 '치다'였다. 따라서 'debate'라는 말은 전쟁을 비유한 표현 과정에서 출발하여 언어로 개념화되었다고 볼 수 있다.

토론은 국어사전에는 '어떤 문제에 대하여 여러 사람이 각각 의견을 말하며 논의함'으로 정의하고 있으며, 국어 용어사전에는 토론을 '어떤 주제에 대하여 주장하는 말하기이며, 토론은 찬성과 반대의 입장으로 나뉘는 주제에 대하여 각각 서로의 입장을 관철시키기 위하여 근거를 들어 자기의 주장을 논리적으로 펼치는 말하기이다'라고 정의한다. [네이버 지식백과 : 토론 (『Basic 중학생을 위한 국어 용어사전』, 2007. 8. 25., (주)신원문화사)]

이러한 정의와 개념으로 미루어볼 때, '토론이란 어떤 논제에 대해서 찬성자와 반대자 또는 긍정자와 부정자가 각각 근거를 들어 자신의 주장이 옳다고 내세우고, 상대의 주장과 논거가 부당하다는 것을 명백하게 하는 공적말하기의 한 형태'이다. 토론은 토의와 비슷하지만 분명히 다른 속성을 갖는다. 우선 토론은 토의와는 다르게 상대방을 설득하는 것이다. 입장이 분명한 사람들이 모여서, 각각의 논거를 밝히고 상대방의 주장을 논박하고 주장의 정당성과 합리성이 상대방에게 인정될 수 있도록 자기의 주장을 펴 나간다는 점에서 토의와 구분된다.

토론과정에서 자기의 주장의 옳다는 것을 상대방이 인정하도록 하려면 상대방이 내세우는 논거의 모순을 지적하고 자기 논거의 정당성과 합리성을 보임으로써 상대로 하여금 반론 제기나 논박의 여지를 가지지 못하게 해야 한다. 결국 토론의 궁극적인 목적은 자신의 의견이나 주장을 관철시키데 있는 것이 아니라 의견의 일치를 구하는데 있다. 즉 참석자들의 대립적인 주장을 통하여 바람직한 결론을 도달하는데 있기 때문이다.

우선 토론은 "자기의 의견을 합리성과 정당성을 갖추어 상대에게 효과적으로 주장하는 설득 행위"이므로 자기의 의견을 논리적으로 잘 정리하여 표현하는 것이 중요하며, 필요하다면 각종 관련 자료들을 가능한 한 많이 수집하여 활용해야 한다. 그러나 토론은 자신의 의견을 일방적으로 주장하는 행위가 아니며, 또한 지적 우월성을 과시하며 상대를 망신 주려는 말싸움도 아니다. 그러므로 토론은 어디까지나 자기 생각을 설득력 있게 주장하되, 그것이 좀더 성숙하게 발전될 수 있도록 늘 열린 사고, 능동적인 자세를 가져야 한다. 한마디로 토론은 생각(지혜)의 겨루기와 나누기라고 말할 수 있다.

2. 토론과 토의

토론과 달리 토의는 주어진 문제에 대한 해답을 찾아내는데 의미가 있다. 토의는 서로 협력하여 의논하면서 생각을 넓혀 나가는 집단적 사고이지만 토론은 의견 대립이 먼저 존재하고, 대립하는 가운데 결론에 도달하는 사고이다. 따라서 토의는 비(非)논쟁적이며 찬성과 반대 측의 대립이 없을 수도 있고, 있다고 하더라도 잠재적인 특징을 가진다. 반면 토론은 논쟁적이며 찬성과 반대 측의 대립이 반드시 표면적인 특징을 가진다는 점에서 토의와 구분되는 것이다. 또한 토의는 우선성에 입각한 문제해결과정인 반면에 토론은 앞서 설명한 바와 같이 자신의 논리적 타당성을 입증하고 상대방의 논리적 부당성을 입증하는 과정을 가진다. 즉 토의는 논쟁하거나 갈등하기보다는 문제해결과정에 집중하지만 토론은 자신의 논리적 정당성 또는 타당성과 상대방의 논리적 부당성을 입증하는 과정을 거친다는 것을 의미하는 것이다.

토론에는 상대방을 설득하는 두 가지 과정이 있다. 먼저 자신의 주장이 논리적으로 타당하거나 정당하다는 점을 입증하는 과정이다. 이 때 토론자는 주장과 논거로 구성된 논증을 통해 자신의 주장의 타당성을 입증한다. 이럴 때 논거는 사실적이어야 하고, 적절해야 하고, 충분성을 가지고 있어야 한다. 또 다른 방식은 상대방의 주장을 부당성 또는 타당하지 않는 점을 입증하는 과정인데, 이것을 '논박하기' 또는 '반박하기' 라 하며 토의에는 찾아볼 수 없는 토론만이 갖는 핵심적 요소라고 할 수 있다. 그렇기 때문에 토의는 비교적 자유롭게 의논하고 발언하는데 비해 토론은 규칙과 절차 그리고 정해진 방법에 따라 진행된다. 토론에서는 발언 시간, 순서, 판정, 전체 시간 등과 같은 규칙이 매우 엄격하다. 이런 특징으로 토의에는 사회자의 역할이 매우 중요하지만 토론에서는 사회자의 역할은 크지 않다. 왜냐하면 이미 엄격한 규칙과 절차가 이미 사회자의 역할을 하고 있기 때문이다.

아울러 토의는 '최종결론'에 도달하는 반면에 토론은 '승자의 결론이 최종결론'이 된다. 토의는 협력적 말하기이기 때문에 합의한 결론이 최종결론이 되며 이 때 최종결론은 다수결원칙에 의해서 결정되는 경우가 많다. 반면 토론에서는 승자의 결론이 최종결론이 된다. 즉, 입증과 논박의 과정을 거쳐 토론의 승자의 주장이 최종결론이 된다. 그렇기 때문에 토의에서는 사회적 다수 또는 강자 의견이 채

택될 가능성이 높은 반면 토론에서는 모든 가능성이 열려있다는 점에서 그 특성이 다르다는 것을 알 수 있다. 왜냐하면 아무리 적은 인원의 의견이라고 하더라도 상대방을 설득하기만 한다면 최종결론으로 결정될 수 있기 때문이다.

토의와 토론의 또 다른 특성을 살펴보면, 토의에서는 구성원들의 팀웍이 중요하지 않은 반면, 토론은 팀웍이 매우 중요하며, 중요하게 평가된다. 토의의 경우는 개별적으로 참여하고 토론은 팀을 구성해서 참여하기 때문이다. 따라서 토의보다는 토론에서 팀웍의 중요성이 부각될 수밖에 없다. 특히 교육토론에서 팀웍의 중요성이 부각되는데, 토론팀의 각 구성원이 각자의 역할을 얼마나 자연스럽게 수행하는지와 팀원들이 얼마나 균등하게 발언하는지도 토론평가의 중요한 기준이 된다. 아무리 토론팀원 중 한사람이 활발한 토론활동을 하더라도 다른 구성원의 참여가 부족하거나 역할분담이 자연스럽지 않으면 좋은 평가를 받기 어렵다.

3. 토론의 방법

1) 잘 들어야 한다.

좋은 토론가는 자기가 말할 내용보다 상대방이 말하는 내용에 더 주의를 기울인다. 상대 주장의 핵심을 빨리 간파하면 논리의 허점도 쉽게 찾아낼 수 있다.

2) 자료와 예시를 충분히 준비한다.

자료를 충분히 가지고 이슈를 장악해야 한다. 예시를 많이 준비하는 것이 좋다. 특히 선진국의 사례나, 우리나라와 비슷한 환경에 처한 국가의 사례는 잘 연구할 필요가 있다.

3) 상대의 반박 논리를 예측한다.

전략적 토론은 마치 장기 게임과 같다. 토론의 달인은 세 수, 네 수 앞을 내다본다.

상대가 어떤 주장을 펴고 어떤 근거를 들 것인지를 미리 짐작한다.

4) 명확히 정의된 단어를 사용한다.

자신이 사용하는 단어를 명료하게 정의해 놓고 논리를 전개한다. 역으로 상대의 모호한 용어 사용을 공격한다.

5) 감정을 통제해야 한다.

격양된 분위기에서도 감정을 통제하고 차분히 이야기해야 한다.

6) 상대의 처지가 되어본다.

역지사지(易地思之)로 상대의 처지가 되어 토론하는 연습을 자주 할 것. 실제 토론 대회에서는 찬성, 반대 입장을 추첨을 통해 지정하는 경우가 많다.

7) 목소리를 연출한다.

말에 높낮이가 있어야 집중하기가 쉽다. 적당한 제스처를 취하고 스피드와 톤을 조절한다.

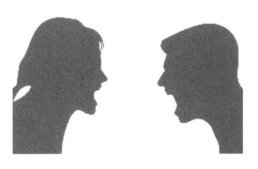

4. 토론의 필요성

1) 편견을 허물 수 있다.

우물안의 개구리는 하늘을 작은 우물구멍의 모양으로 인식한다. 동굴 안에 갇혀 자신의 그림자만 보면서 세상이 모두 그것으로만 인식할 수도 있다. 이처럼 세상을 좁고 한 쪽으로만 보는 편견을 토론은 교정해준다. 왜냐하면 토론은 다양한 의견과 지식을 바탕으로 이루어지기 때문에 독단적이거나 고정적 관념에서 벗어나게 하여 객관적, 보편적, 광범위한 지식의 세계로 이끌어주는 매우 유용한 활동이다.

2) 리더십을 키울 수 있다.

토론은 자기 혼자서 하는 활동이 아니라 팀웤을 이루어 원하는 목적에 이르기까지 서로 협동해야하며 서로 자기가 맡은 역할에 대해 최선을 다해야한다. 따라서 토론에서는 리더십이 요구되며 자기만 잘해서는 안되고 팀원간의 협업과 소통이 무엇보다 필요하다. 개인, 집단간 리더십이 무엇보다 요구되는 것이 토론이다.

3) 증명하기 위해 자료나 정보의 조사능력이 성장한다.

토론에서 자신의 주장을 설득하기 위해서는 무엇보다 팩트(fact)가 중요하다. 팩트는 주장을 입증하거나 증명할 수 있는 실제적인 증거이자 사실존재증명이다. 법원에서 검사와 변호사가 주어진 사건을 입증하기 위해 증거를 찾는 것과 마찬가지로 자신의 주장을 입증할만한 자료나 정보를 찾는 것은 토론에서는 매우 중요한 활동의 하나이다. 자기에게 유리하거나 상대방에게 불리한 자료나 정보를 취득하였다면 이미 토론에서 승리는 따놓은 것과 다름없다고 해도 과언은 아니다. 따라서 이러한 팩트의 조사능력은 필수적으로 성장하게 되며 이런 능력을 통해 향후 토론이 아니어도 자신의 업무나 학업에 필요한 정보나 자료를 얻는데 매우 유용하다.

4) 자신감과 발표력을 키운다.

토론은 적극적인 자신의 의견을 표출하고 설득하는 활동이다. 따라서 자신감이 기본적인 전제조건이 된다. 자신감이 없다면 이미 토론에서 상대편을 설득하거나 반박하기란 불가능하다. 또한 자신의 의견이나 주장을 명료하고 정확하게 전달하기 위해서는 발표력도 필요하다. 토론을 통해 자연스럽게 이러한 자신감, 발표력은 성장하게 되기 때문에 토론은 청소년뿐만 아니라 성인들에게도 요구되는 필요한 과정이다.

5) 언어표현력이 제고된다.

기초학습능력은 읽기, 말하기, 듣기, 쓰기, 셈하기 등의 능력을 지칭한다. 말그대로 학습을 위해서는 기본적으로 갖고 활동하는 언어표현능력을 의미한다. 읽지를 못하면 당연히 지식을 쌓을 수 없고 심화된 학습은 불가능한 것처럼 기초학습능력은 모든 인간에게 있어 자신의 역량과 전문성, 창의성을 이루어가는데 있어 갈고 닦지 않으면 안될 능력이다. 토론은 이러한 기초학습능력을 성장시키는데 가장 유용한 활동이다. 입증할 만한 자료나 정보를 찾아 읽고, 자신의 주장을 말하고, 상대방의 입론이나 의견을 잘 들어서 반박하고, 나아가 최종변론에 필요한 내용을 글로 정리해서 발표해야하기 때문에 토론을 통한 기초학습능력의 향상은 당연한 것이며, 언어표현능력 제고를 통한 사고력은 덩달아 성장하게 된다.

6) 비판적 사고가 향상된다.

비판적 사고는 어떤 주제나 주장 등에 대해서 적극적으로 분석하고 종합하며 평가하는 능동적인 사고이다. 이러한 비판적 사고는 어떤 논증, 추론, 증거, 가치를 표현한 사례를 타당한 것으로 수용할 것인가 아니면 불합리한 것으로 거절할 것인가에 대한 결정을 내릴 때 요구되는 사고력이다. 즉, 비판적 사고는 제기된 주장에 어떤 오류나 잘못이 있는가를 찾아내기 위하여 지엽적인 부분을 확대하여 문제로 삼는 것이 아니라, 지식, 정보를 바탕으로 한 합당한 근거에 기초를 두고 현상을 분석하고 평가하는 사고이다. 따라서 토론활동은 이러한 비판적 사고를 기반으로 진행되므로 토론의 필요성이 요구되는 것이다.

7) 다양한 배경지식을 쌓을 수 있다.

앞서 언급한 대로 다양한 팩트, 즉 정보나 자료를 얻어야 토론에서 자신의 주장을 설득할 수 있으므로 이런 과정에서 많은 지식을 얻을 수 있게 되며, 이런 지식 중에서 장기기억저장을 통해 자신에게 필요한 배경지식으로 형성되게 된다. 토론은 지식을 기반으로 이루어진다고 해도 과언은 아니다. 가령 사실논제를 갖고 토론할 경우, 그 사실에 대한 정확하고 방대한 지식과 이해가 없이는 사실논제에 접근하기 어렵다. 따라서 토론은 다양한 배경지식을 얻을 수 있는 매우 유용한 지적 활동이다.

8) 논리성을 키운다.

논리성이란 말과 글과 같은 언어적 표현에 있어 모순이나 비약이 없고, 전체 흐름이 조리에 맞고 일관성이 있다는 것을 의미한다. 토론과정은 결국 자신의 주장을 상대방에게 설득시키는데 그 목적이 있다. 토론은 지성과 이성에 호소하는 논리적 설득이기 때문에 따라서 논리적으로 토론하는 것은 기본이며 필수가 되는 사항이다. 따라서 토론은 논리성을 향상시키는데 큰 역할을 한다.

9) 감정보다는 이성의 활용을 돕는다.

토론은 감정이 아닌 이성을 통해 이루어지는 활동이다. 감정을 통해 설득할 수는 있어도 쉽게 생각이 바뀔 수도 있다는 단점이 있다. 반면 이성을 통해 설득이 이루어지면 판단을 쉽게 바꿀 수 없다. 왜냐하면 이성은 분명하고 명확하며, 보편적이며 사실적인 증거를 요구하기 때문이다. 비판적, 논리적 사고를 통한 토론의 설득과정은 이성을 활용한 지적 겨루기라 해도 과언은 아니다.

10) 지식통합능력을 키울 수 있다.

조사된 자료나 정보를 자신의 주장에 합치하기 위해 이들을 적절히 분석, 통합하는 지식통합능력의 향상을 불러오는 것이 토론활동이다. 이런 점에서 향후 미래의 인재를 양성하는 훌륭한 교육적 방법으로 토론이 필요하다할 것이다.

11) 예절을 통한 인성과 가치관형성에 도움을 준다.

토론은 감정싸움이 아니라 먼저 상대방의 의견을 인정하고 그 의견에서 비판할 문제나 오류를 찾아 자신의 의견이나 주장이 옳다고 설득해가는 과정이므로 토론에는 예절과 인성이 기반되어야 한다. 상대방을 비난하거나 헐뜯는 것은 이미 토론자로서의 자격을 상실했다고 해도 과언은 아니다. 특히 토론은 민주주의 사회에서 상대방을 배려하고 올바른 가치관을 통해서 이루어지는 것이므로 토론활동은 곧 인성교육과도 연결되어 있다할 것이다.

12) 소통능력을 제고한다.

사회 구성원간의 소통이 갖는 중요성은 어제, 오늘 강조한 사항은 아니지만 앞으로의 미래는 소통능력이 뛰어난 인재를 요구한다. 그러한 인성의 한 덕목이자 가치인 소통능력은 한결같이 토론에서 길러진다고 많은 연구자들이 입을 모은다.

다음의 기사는 중앙일보(2014. 10. 16)에 게재된 내용으로 토론의 필요성을 잘 보여주고 있다.

저커버그 성공신화 이 원탁 수다에서 시작됐다

2004년 2학기 미국 하버드대의 로마예술사 중간고사 기간. 금발머리의 삐쩍 마른 한 남학생이 사진과 글을 올릴 수 있는 간단한 웹사이트를 만들어 함께 수업을 듣는 학생들과 자료를 나눴다. 예술작품과 그에 대한 해석을 게시판에 올리면 다른 학생들이 자기 의견을 댓글로 달면서 자연스럽게 토론이 이뤄졌다. 다른 학생들이 도서관에서 책에 파묻혀 있을 때 이들은 인터넷상에서 거친 논쟁을 벌였다. 성적이 통지되던 날 수십 권의 책을 읽었던 학생보다 웹사이트에서 토론을 벌였던 학생들이 더욱 높은 점수를 받았다. 남학생은 이 웹사이트를 발전시킨 프로그램을 세상에 내놨는데 그것이 바로 '페이스북'이었다.

직원들과 격의 없는 토론과 논쟁을 즐기는 것으로 유명한 페이스북의 창립자 마크 저커버그는 공부에 대한 개념이 남다르다. 공부는 남에게 뭔가를 배우는 것이 아니라 자신의 지식을 함께 나누는 거라고 생각한다. 이는 그가 나온 고등학교인 필립스 액시터 아카데미의 교훈(校訓)이기도 하다. '고교 하버드'로 불리는 액시터는 졸업생의 30%가 아이비리그(Ivy League·미국 동부 명문대학)에 진학하는 미국 최고 명문학교다.

졸업생 30% 아이비리그 보내 … 국내 대학, 기업도 소통과 협업 중시

'고교 하버드'로 불리는 액시터는 졸업생의 30%가 아이비리그(Ivy League·미국 동부 명문대학)에 진학하는 미국 최고 명문학교다. 이 학교엔 교실마다 '하크니스'라 불리는 원형 테이블이 있는데 여기서 교사 1명과 학생 12명이 둘러앉아 수업한다. 학생들은 일방적 강의를 듣는 게 아니라 팀별 과제 발표와 토론을 통해 스스로 학습한다. 교사가 전날 공부할 주제를 미리 정해주면 학생들은 스스로 관련 자료를 조사해 토론거리를 찾아 발제한다. 논제에 대해 학생들은 자유롭게 의견을 나누고 서로가 알고 있는 지식을 공유한다. 이 학교 입학사정관을 지낸 최유진 노스파크대 교수는 "토론을 통해 스스로 탐구하고 협력하며 지식을 습득하는 것이 진짜 공부"라고 말했다.

암기 위주의 주입식 교육에서 벗어나 남들과 토론하고 함께 문제를 해결하는 학습법의 중요성이 커지고 있다. 대학입시에서 수능 중심인 정시모집 비중이 줄거나 교과성적을 보지 않는 학생부종합전형(수시)이 늘고 있는 것도 같은 맥락이다. 기업 채용시험도 단순한 필기성적이나 스펙보다 구체적이고 상세한 질문과 이에 대한 답변 능력을 보는 면접을 중시하고 있다. 강태완 경희대 언론대학원장은 "사회가 복잡해지면서 어느 한 분야의 전문지식보다는 학문 간의 협업과 시너지가 중요해지고 있다"며 "이를 위해 가장 필요한 것은 스피치와 토론 같은 커뮤니케이션 능력"이라고 말했다.

대입 관리하는 한 사립대 입학처장 "우리 애, 영.수학원 끊고 독서토론"

서울의 한 사립대 입학처장인 A교수가 1년 전 자녀 교육법을 바꾼 것도 이 때문이다. 그는 자녀가 다니는 수학 학원과 영어 과외를 그만두게 하고 독서토론 지도사를 구해 매주 두 권씩 책을 읽고 함께 토론하도록 했다. 수학도 단순히 문제지에 정답을 써내도록 하지 않고 말로 풀이과정을 설명 시켰다. 이론과 공식도 외우기만 할 게 아니라 직접 증명하고 그 과정을 발표하게 했다. "입학 지원자들 면접을 보면 수능점수는 좋은데 커뮤니케이션 능력이 많이 떨어져요. 주어진 답은 잘 구해도 스스로 문제점을 제기하거나 남들과 의견을 나누는 것을 어려워합니다." A교수는 "대학생도 마찬가지"라며 "열심히 필기하고 시험성적은 잘 나오는데 진짜로 알고 그러는 건진 모르겠다"고 말했다.

토론식 학습은 학생들의 지적 발달에 큰 효과를 보이고 있다. 부산 장림초는 2011년부터 토론을 학교교육에 접목시켰다. 고학년 국어시간엔 홍길동이 처벌을 받아야 할지 말지 스스로 보고서를 써오도록 한 뒤 관련 내용을 발표하고 토론하게 했다. 저학년은 친구들끼리 돌아가며 칭찬릴레이를 하며 발표력을 키웠다. 그 결과 이 학교 학생들의 커뮤니케이션 능력이 크게 향상됐다. 수업에 대한 흥미도(4점 척도에서 '그렇다' 이상 답변한 비율)가 40.5%에서 68.2%로 늘었다. 근거를 들어서 말하는 능력(31.4%→70.1%), 질문하기(31.3%→57.9%) 등도 모두 높아졌다. 학업성취도평가에선 보통학력 이상 비율이 국어(76.1%→85.4%), 수학(74.9%→84.8%), 영어(85.9%→89.2%) 모두 높아졌다. 하숙주 교장은 "정답 찾기 교육으론 창의성을 기를 수 없다"며 "사고를 넓히기 위해선 토론교육이 필수"라고 말했다.

부산 장림초, 토론교육 1년 실시해 보니 ■토론교육 전 ■토론교육 후 (단위:%)

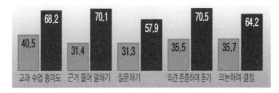

교과 수업 흥미도	근거 들어 말하기	질문하기	의견 존중하며 듣기	의논하여 결정
40.5 / 68.2	31.4 / 70.1	31.3 / 57.9	35.5 / 70.5	35.7 / 64.2

자녀와의 토론 이렇게 해보세요 주제:이번 주말 북한산에 가족 등산 갈까

이번 주말에 단풍이 절정이니 가족 모두 북한산에 등산을 가자.
아빠(찬성 의견과 근거)

왜 하필 이번 주예요. 등산 말고 다른 거 하면 안 돼요?
딸(아빠 의견 반박·질문)

북한산은 산세가 험해 다칠 수 있어요. 차라리 영화를 보는 게 어때요?
엄마(아빠 의견 문제점 제시)

극장은 아무 때나 갈 수 있잖아. 단풍은 지금 아니면 못 본다고.
아빠(엄마 의견 문제점 제시)

단풍을 보는 건 좋은 추억이 될 거야. 다른 산이라도 등산을 가자.
아빠(대안 제시)

좋은 추억이 될 거란 사실엔 동의해요. 오르기 쉬운 산으로 다시 골라보죠.
딸(합의점 도출)

토론은 가정에서도 쉽게 따라 할 수 있다. 박인기 경인교대 국어교육과 교수는 "일상의 모든 대화가 토론"이라며 "주장과 논거, 설득 등을 단계적으로 나눠 말하는 훈련을 하면 토론 능력도 향상된다"고 말했다. 저녁 메뉴를 정하는 경우 "짜장면 사먹을까"하고 단답형 질문을 하기보다는 "무엇을 먹고 싶니", "왜 먹고 싶니", "어디서 먹을까" 등으로 개방형 질문을 하고 연쇄적으로 대화가 이뤄질 수 있도록 한다. 말할 때는 주장과 근거를 구분해 차분히 설명하게 한다. 함께 책을 읽고 얘기를 나누거나 집안에 토론 게시판(또는 가족 SNS) 등을 만들어 언제든지 토론 주제를 제시하고 그에 대한 찬성과 반대 의견을 펼칠 수 있도록 여건을 만드는 것도 좋은 방법이다.

제임스 머피 미국 캘리포니아대 커뮤니케이션학과 교수는 "케네디와 클린턴, 오바마 등은 대학시절부터 활발한 토론활동을 하며 지식을 지혜로 바꾸는 훈련을 해왔다"며 "대학 입학이나 사회생활에서 토론능력은 인생을 결정짓는 매우 중요한 요소"라고 강조했다(『디베이트 가이드』).

[중앙일보(2014. 10. 16)]

1) 토론의 개념에 대해 정리하시오.

2) 토론과 토의의 차이점에 대해 서술하시오.

3) 토론이 필요한 이유에 대해 논하시오.

CHAPTER 02

토론의 종류

1. 대표적 토론의 종류

1) 교차조사형(CEDA) 토론

교차조사형 토론은 기존의 토론 형식이 주장(입론)과 반박만으로 이루어져 있어 토론자들이 각자 자신의 주장만 내세우고 상대방 주장에 대해서 들으려 하지 않는 문제점을 보완하기 위해서 1971년 미국의 교차조사형토론협회(Cross Examination Debate Association)가 상호 질문을 가미해서 만든 토론 형식이다. 동 협회의 첫 글자를 따서 만든 약어인 CEDA를 그대로 교차조사형 토론을 가리키는 용어로 사용하기도 한다. 교차조사형 토론은 기존의 토론 형식과 달리 입론이 끝날 때마다 질문하는 시간을 넣어서 찬성 측과 반대 측이 상호 교차해서 상대방이 주장한 내용에 대해서 확인하고 검증하고 반박하도록 되어 있다. 특히 입론에서 발언한 내용에 한해서 질문하도록 규정함으로써 상대방이 주장하는 내용을 귀담아 들을 수 있도록 했다. 교차조사형 토론은 주로 정책 토론에서 선호하지만 가치 토론에서도 자주 채택하는 형식이다. 교차조사형 토론의 장점은 참가한 모든 토론자가 입론, 교차조사 및 반론, 최종변론까지 모든 토론과정을 다 경험해볼 수 있게 하여 토론에 대한 이해와 활용에 있어 매우 유용하다.

긍정, 부정 측 각 팀은 2명으로 구성되며(상황에 따라 3명이상 변용가능하다) 각 토론자는 입론, 교차조사 및 반박을 각각 한 번씩 함으로써 동등한 발언 기회와 발언 시간을 부여받는다. 논쟁의 진행 원리를 보면, 긍정 측에는 '필수 쟁점(stock issues)'을 조사하여 '증명의 부담'을 해결해야 하는 과제가 부여되고, 부정 측에는 '대체 방안(counterplans)'을 조사하여 '반증의 부담'을 해결해야 하는 과제가 주어진다. 따라서 긍정 측과 부정 측 팀에 주어지는 논쟁의 과제와 난이도는 거의 비슷하다. 다만 주어진 과제의 성격(즉, 증명의 부담·반증의 부담)에 따라 논쟁의 전략은 달라진다.

　교차조사형 토론에서의 기본적 토론절차는 다음과 같다. 물론 이 절차를 상황에 맞게 변용할 수 있으며 시간 역시 조절할 수 있다.

① 긍정 측 1번 토론자의 입론

② 부정 측 2번 토론자의 교차조사

③ 부정 측 1번 토론자의 입론

④ 긍정 측 1번 토론자의 교차조사

⑤ 긍정 측 2번 토론자의 입론

⑥ 부정 측 1번 토론자의 교차조사

⑦ 부정 측 2번 토론자의 입론

⑧ 긍정 측 2번 토론자의 교차조사

⑨ 부정 측 1번 토론자의 반박

⑩ 긍정 측 1번 토론자의 반박

⑪ 부정 측 2번 토론자의 반박

⑫ 긍정 측 2번 토론자의 반박

　작전 타임은 대개 교차조사가 끝난 뒤에 실시하는 경우가 일반적이다.

2) 칼 포퍼식 토론

칼 포퍼식 토론은 철학자 칼 포퍼의 정신을 기리고 토론 문화를 확산하기 위해서 1994년 열린사회연구소와 소로스 재단 네트워크가 만든 토론 방식이다. 칼 포퍼는 계속적인 비판적 논의를 통해서 오류를 개선해 나가면서 점진적으로 진리에 다가갈 필요가 있다고 믿었다. 이런 칼 포퍼의 비판적 합리주의를 계승하기 위해서 만든 토론 형식이 바로 칼 포퍼식 토론이다.

칼 포퍼식 토론은 3명이 한 팀이 되어 각 팀이 한 번의 입론과 두 번의 반박을 하며, 각 팀의 마지막 반박을 제외한 나머지 입론과 반박 후에는 매번 확인질문하는 시간이 이어진다. 교차조사형 토론과 비교할 때 차이가 많지만 그중에서 무엇보다도 교차조사형 토론에서는 입증의 책임을 찬성 측에게 전적으로 부담하는 것과 달리 칼 포퍼식 토론에서는 입증에 대한 부담을 찬성 측과 마찬가지로 똑같이 반대 측에게도 지운다는 점에서 큰 차이가 있다. 칼 포퍼식 토론 방식은 또한 팀원 간 의사소통이 중요하다. 찬반 양측의 B 토론자는 A나 C 토론자와는 달리 단 한 번의 발언 기회가 있기 때문에 상대적으로 상대측 토론자의 발언을 듣는 시간이 많다. 따라서 B 토론자는 상대측 주장을 잘 듣고 자기편 토론자들이 상대측 주장에 대해서 검증하고 반박할 수 있도록 팀원들을 도와주고 조정하는 하는 역할을 할 필요가 있다. 또한 입론에 비해 반박과 확인질문하는 시간을 많이 편성해 놓은 것은 칼 포퍼식 토론의 또 다른 특징인데, 이것은 많은 것을 주장하기보다 상대 팀의 주장을 잘 듣고 철저히 검증하는 데 중점을 두었다는 것을 의미한다.

칼 포퍼식 토론의 형식과 진행 절차는 다음과 같다. 교차조사형 방식과 마찬가지로 발언 시간과 작전타임은 상황에 따라 조정할 수 있다.

① 긍정 측 1번 토론자의 입론

② 부정 측 3번 토론자의 확인질문

③ 부정 측 1번 토론자의 입론

④ 긍정 측 3번 토론자의 확인질문

⑤ 긍정 측 2번 토론자의 반박

⑥ 부정 측 1번 토론자의 확인질문

⑦ 부정 측 2번 토론자의 반박

⑧ 긍정 측 1번 토론자의 확인질문

⑨ 긍정 측 3번 토론자의 반박

⑩ 부정 측 3번 토론자의 반박

3) 링컨-더글러스토론[Lincoln-Douglas Debates]

1858년의 미국 대통령선거를 위한 중간선거에서 민주당의 스테픈 더글러스와 공화당의 에이브러햄 링컨 사이에서 벌어졌던 토론으로 미국 각지를 순회하면서 전개하였다. 미국 최대의 가치논제라 할 수 있는 '노예제도를 인정할 것인가'의 문제는 각 지방 정부에 일임하는 것이 옳다고 주장한 더글러스의 '주민투표론'에 대하여 링컨은 노예제도를 폐지해야 한다고 반론을 폈다. 링컨은 이때의 연방상원의원 선거에서는 졌으나, 이 토론의 결과 1860년 공화당 대통령후보에 지명되는 기회를 얻을 수 있게 되었다. 이 토론은 찬성과 반대 측 각각 한사람이 토론에 참가하는 방식이다. 1980년 미국 전국토론리그에서 채택됨으로써 미국 고교생 토론대회에서 가장 대중적인 방식이 되었다. 이 토론의 특징은 가치논제에 적합한 토론이며 일대일 토론의 형식을 취하고 있어 입론, 반박 등 모든 토론과정에 토론참가자는 긍정 측은 증명의 부담을 갖으며, 부정 측은 긍정 측이 제시한 가치평가 대상과 평가항목 기준의 관련성을 부인하며, 새로운 가치를 대안으로 제시해야 한다는 부담을 갖는다. 이 토론형식을 독서토론으로 도입할 경우, 책 속에서 가치논제를 중심으로 선정하여 토론참가자 긍정 측 1명, 부정 측 1명 총 2명이 정해진 시간 안에 토론을 벌이도록 한다.

링컨-더글러스토론의 형식과 진행 절차는 다음과 같다. 일반적으로 평균 32분 정도의 토론시간으로 운영되지만 독서토론의 경우, 상황에 따라 융통성있게 운영할 수 있다.

① 긍정 측 입론	6분
② 부정 측 교차조사	3분
③ 부정 측 입론	7분
④ 긍정 측 교차조사	3분
⑤ 긍정 측 반박	4분
⑥ 부정 측 반박	6분
⑦ 긍정 측 반박	3분

네이버 지식백과 참조]

4) 독서토론

독서 후 스스로 내용을 이해하고 소화하여 자신의 사고나 행동에 도움이 되게 하는 독서과정의 하나이다. 이런 점에서 일반적인 토론과는 다소 다른 성격을 갖지만, 독서토론은 먼저 책의 내용을 이해하고 소화하는 과정은 '토의'적 성격이 강하며, 자신의 사고나 행동을 밝히고 설득하는 과정은 '토론'적 성격이 강하다. 따라서 독서토론은 토론과 토의의 특성을 모두 갖되, 독서라는 매개를 통해 이루어지는 행위로 보아야 한다(독서토론과 관련해서 본서 4장에서 보다 자세히 살펴보기로 한다.).

2. 논제에 따른 토론의 종류

논제에는 옳고 그름을 다투는 가치논제, 사실인지의 여부를 판가름하는 사실논제, 정책의 시행여부를 다루는 정책논제가 있으며 이러한 논제를 갖고 토론할 때 논제에 따라 가치토론, 사실토론, 정책토론으로 분류할 수 있다. 논제선정과 관련한 내용은 4장에서 자세히 살펴보고 본장에서는 각 토론의 특성만 살펴보기로 한다.

1) **가치토론** : 옳고 그름의 가치관적 판단을 요구하는 논제를 중심으로 벌이는 토론. 가령 심청전에서 '심청이가 인당수에 몸을 던진 행동은 효도인가 불효인가'와 같은 논제를 놓고 옳은지 그른지를 찬반으로 나누어 살펴보는 가치관적 토론을 의미.

2) **사실토론** : 사실 여부를 확인하는 논제를 중심으로 벌이는 토론. 가령 한국과 일본이 독도의 영유권을 놓고 벌이는 것과 같이 그 사실여부를 가리는 토론으로서 많은 자료와 정보, 배경지식이 필요한 두뇌싸움이라 할 수 있는 성격을 갖음.

3) **정책토론** : 어떤 정책을 만들거나 시행할지의 여부의 논제를 중심으로 벌이는 토론. 가령 '사형제도 존치시킬 것인가'와 같은 정책이나 제도 등의 논제에 대해 실시할 것인가 실시하지 말 것인가와 같은 여부를 묻는 토론. 시사적 성격이 매우 강함. 공청회 등에서 많이 활용되는 토론의 하나.

3. 기타 토론의 종류

다음에 제시하는 것들도 토론의 일종으로 분류할 수 있다. 우리 주변에서 많이 접하고 활용하고 참가하는 토론들인데 좀 더 자세히 살펴보자.

1) **회의(Meeting)** : 광의로는 모든 종류의 회의를 총칭하는 가장 포괄적인 용어로 쓰이고, 협의로는 여러 사람이 모여 특정한 의제나 문제를 해결하기 위하여 의장을 정하고, 서기를 뽑은 후에 의장의 진행 방식으로 이루어지는 토의의 한 형태로 한정하여 쓰이기도 함.

2) **컨벤션(Convention)** : 회의분야에서 가장 일반적으로 쓰이는 용어로서 정보전달(기업의 시장조사보고, 신상품소개, 세부전략수립)을 주목적으로 하는 정기 집회에 많이 사용되기도 하며, 전시회를 수반하는 경우가 많음.

3) **컨퍼런스(Conference)** : 두 명 이상의 개인 또는 여러 기관의 대표들이 모여 공통 관심사인 주제를 논의하고 의견을 교환하는 모임이란 측면에서 컨벤션과 거의 같은 의미를 가진 용어. 컨벤션에 비해 회의진행상 토론회가 많이 열리며 회의 참가자들에게 토론회 참여 기회도 많이 주어지는 것이 특징. 컨벤션은 다수 주제를 다루는 업계의 정기회의에 자주 사용되는 반면, 컨퍼런스는 주로 과학, 기술, 학문 분야의 새로운 지식습득 및 특정 문제점 연구를 위한 회의에 사용됨.

4) **캉그레스(Congress)** : 컨벤션과 같은 의미를 지닌 용어로서 유럽 지역에서 빈번히 사용되며, 대회라고 표현되기도 하는데 주로 국제규모의 회의를 의미함.

5) **심포지엄(Symposium)** : 희랍어의 symposion(향연)에서 유래된 것으로 특정한 테마에 의하여 전문가나 권위자 몇 사람(2~5명 정도)이 동일 또는 서로 연관있는 주제에 관해 서로 다른 관점에서 의견이나 견해를 밝히고 그것에 따라 청중도 참가하여 참석자 전체가 토의를 하는 형식의 공개토론회.

6) **패널 토의(Panel Discussion)** : 청중이 모인 가운데, 2명~8명의 연사가 사회자의 주도하에 서로 다른 분야에서의 전문가적 견해를 발표하는 공개 토론회로서 청중도 자신의 의견을 발표할 수 있음. 배심토의라고도 함.

7) **포럼(Forum)** : 제시된 한가지의 주제에 대해 상반된 견해를 가진 동일 분야의 전문가들이 사회자의 주도하에 청중 앞에서 벌이는 공개 토론회로서, 청중이 자유롭게 질의에 참여할 수 있으며, 사회자가 의견을 종합함. 심포지엄에 포함되는 하나의 형태로 볼 수 있으며 회의 진행자 아래 참석자들이 자유롭게 토론하는 것이 특징이고 성인교육 강좌에서 많이 사용되고 있음.

8) **콜로퀴엄(Colloquium)** : 대학원 이상 수준에서 주로 이루어지는 분과(class) 형태의 전문 연구과제와 관련된 전문가회의. 해당 분과의 활동에서 주요 부분을 구성하며 연구과제를 계획, 수행, 진행을 평가하는 수단으로 이용됨. 세미나가 대표적인 콜로퀴엄의 형태임.

9) **세미나(Seminar)** : 한 명 이상의 진행자의 지도로 연구에 참여한 그룹이 공통의 관심사의 문제점을 논의하는 고등교육에서 많이 사용되는 교육 방법 중의 하나임.

10) **워크샵(Workshop)** : 어떤 주제에 공통으로 관심있는 사람들이 전문가와 함께 집단 연구를 통해 필요한 정보를 수집하고 문제를 해결하는 교육의 한 방법으로 널리 사용됨. 일련의 강습의 형태로 주로 일정기간에 걸쳐 이루어지는 것이 특징임.

11) **원탁토의(Round Table Discussion)** : 10명 내외의 소규모 집단이 원탁을 에워싸고 위아래 구분없이 자유롭게 상호 관심사에 대하여 의견을 나눔.

12) **청문회(Hearing)** : 행정 및 입법 기관이 법안의 심의, 행정처분, 소청의 재결 등을 위해 필요한 증언을 수집하는 절차. 미국 의회에서 대표적으로 운영되고 있는 제도로서 한국에서는 지난 1988년말 의정사상 처음으로 청문회가 열려 국민의 정치적 관심을 불러일으킴.

13) **공청회(Public Hearing)** : 국회나 지방의회의 분과위원회·행정기관·공공단체 등에서 중요한 정책의 결정이나 법령 등의 제정 또는 개정안을 심의하기 이전에 이해관계자나 해당분야의 전문가로부터 공식석상에서 의견을 듣기 위한 제도.

14) **논쟁형 토론(Debate)** : 두 개인이나 집단이 어떤 문제에 대해 대립되는 견해를 뒷받

침할 논거를 제시하면서 공식적으로 또는 구두(口頭)로 대결하는 것.

15) **토의형 토론(Discussion)** : 어떤 문제에 대해 해결방법을 도출해나가는 것.

16) **문답형 토론(Elenchus)** : 문답형 토론 즉 엘렌쿠스는 소크라테스가 사람의 내면을 드러내고 의견의 오류를 밝혀내기 위해 사용한 철학적 문답법.

17) **소규모 토의(Group Discussion)** : 작은 그룹별로 토의를 통해 해결방안을 모색하는 것.

18) **소규모 토론(Buzz Session)** : 소규모 토의와 비슷하나 해결방안을 찾아내기 보다는 그룹별로 어떤 해결방안이 옳은지를 선택하며 결정하는 토론. 흔히 6.6토의라고 하기도 하는데 6명의 참가자들이 6분동안 토론한다고 해서 붙여진 이름임.

19) **브레인스토밍(Brainstroming)** : 브레인스토밍은 창의적인 아이디어를 생산하기 위한 학습 도구이자 회의 기법으로 3인 이상의 사람이 모여서, 하나의 주제에 대해서 자유롭게 논의를 전개하는데, 중요한 점은 찬반의 의견없이 특정 시간동안 제시한 생각들을 모아서, 1차, 2차 검토를 통해서 그 주제에 가장 적합한 생각을 다듬어나가는 일련의 과정임.

20) **하브루타(havruta) 토론** : 히브리어로 하베르(친구)에서 온 말로, 파트너와 함께 의사소통하며 학습하는 방법으로서의 토론. 가정에서 탈무드를 함께 읽고 대화하는 것과, 초·중·고교와 대학에서 짝을 지어서 묻고 답하는 토론방식까지를 포괄하는 유대인들의 교수-학습법을 일컬음.(본서 9장 참조)

이상에서와 같이 토론에는 많은 종류가 있으며, 이것도 토론에 속하는가 의아해할 수 있는 것도 있을 것이다. 서로가 함께 모여 머리를 맞대고 새로운 아이디어나 해결방안을 모색하는 것뿐만 아니라 서로의 생각과 의견을 교환하고 혹은 상대방의 생각과 다르면 왜 다른지 확인하고 잘못이 있으면 수정하고 자신의 의견이 옳다면 논리적으로 설득해나가는 모든 과정들이 토론의 범주라고 한다면 위에 열거한 여러 가지 토론의 종류를 살펴보면서 수긍하게 될 것이다. 다음에는 토론을 기반으로 한 다양한 연계프로그램에 대해 살펴보자.

4. 토론 연계 프로그램

1) 독서토론대회 개최

정기적으로 독서토론대회를 개최하여 독서토론수업을 활성화할 수 있다. 이를 위해서는 개최주최에 따라 작게, 혹은 큰 규모로 개최할 수 있으며, 교과연계 독서토론대회, 문학 독서토론대회 등 다양한 성격을 갖는 독서토론대회를 만들어갈 수 있다. 독서토론대회를 개최하기 위해서는 우선 논제와 관련 도서를 선정 공고 후, 팀별 접수를 받아 대진표를 작성하고 대회를 개최하여 시상토록 하며, 평가기준과 심사위원을 두어 공정하게 대회를 이끌어갈 수 있도록 한다. 독서토론대회의 장점은 심사결과에 따라 승부가 결정이 나기 때문에 보다 의욕적이고 경쟁적으로 토론을 벌일 수 있다는 점과, 언어표현 능력, 자료 조사 및 다양한 자료분석 능력, 비판적 사고 능력, 지식통합능력 등의 토론이 주는 다양한 능력들을 키워갈 수 있다.

2) 독서토론교실 운영

독서토론교실은 학교도서관이나 일반도서관 등에서 많이 활용하는 프로그램이다. 방학을 이용한 단기적 성격을 가질 수 있고, 방과후 교실로서 상시적으로 운영할 수 있다. 교사의 재량에 따라 참가인원을 줄이거나 늘릴 수 있으며, 다양한 분야의 독서를 통해 다양한 논제를 갖고 독서토론을 실시할 수 있다. 또한 특정 주제를 정해서 철학, 역사,

문학 등의 특정분야를 집중, 심화해서 독서토론교실을 운영할 수 있다.

3) NIE활동과 독서토론 연계 활동

신문 활용 수업(NIE : Newspaper In Education)은 살아있는 교과서인 신문을 읽고 이를 통해 학습자에게 교육하는 독서수업의 한 형태이다. 따라서 NIE를 독서토론과 연계하여 토론수업으로 이끌어갈 수 있다. 특히 신문은 사실, 가치, 정책 등 다양한 논제들을 이끌어 낼 수 있는 장점이 있다. 가령 '안락사허용, 어떻게 생각하나?', 'CCTV 확대실시, 어떻게 생각하나?' 등의 논제를 갖고 독서토론 활동으로 적용할 수 있다.

4) 독서 모의 법정

독서 모의 법정은 재판관, 변호사, 검사 및 피고인과 증인으로 구성되는 법정에서와 같이 심사를 맡은 심사위원이 재판관으로, 변호사는 긍정측, 검사는 부정측으로 구분하여 책 속에서의 등장인물에 대한 재판을 찬반양론토론형식으로 진행하는 프로그램이다. 가령 백제의 계백장군이 황산벌전투에 임했을 때 자신의 처와 자식을 죽인 상황에 대해 계백장군의 그러한 행동이 옳은지의 여부를 논제로 할 때, 긍정측이 변호사를, 부정측이 검사를 맡아 토론의 형식으로 활용할 수 있는 프로그램이다. 참여자들에게 등장인물의 행동에 대해 다양하고 객관적으로 바라볼 수 있게 한다는 점에서 매우 유용한 활동이다.

5) 저자와의 대화

저자를 초청하여 저자와 참여자간의 대화를 통한 토론을 할 수 있는 프로그램이다. 우선 저자의 의도를 직접 들을 수 있다는 데에서 참여자의 흥미와 관심을 끌 수 있고, 책 속에서 궁금했던 사항을 질문과 답변형식을 통해 이해할 수 있으며, 특히 저자가 책을 쓰게 된 주제나 메시지도 직접 청취할 수 있다는 점에서 매우 유용한 활동이다.

극동방송 저자와의 대화 – '책읽어주는 부모가 진짜부모다'의 저자 배철우

6) 모의 유엔총회

모의 유엔총회는 다양한 이슈를 놓고 국제기구의 의장(Chair)과 UN회원국의 대사 (Delegate)의 자격으로 토론을 진행할 수 있는 유용한 연계프로그램이다. 현재 국제적으로 이슈가 되고 있는 '중동의 테러리즘에 대한 대처방안', '북한의 인권침탈에 대한 인권보호 방안' 등과 같이 시사성을 갖는 의제나 『유진과 유진』이라는 책에서 다루는 '아동성폭력과 대응방안', 『너도 하늘말나리야』라는 책에서 중심주제로 삼는 '남녀차별과 극복방안' 등과 같이 책 속에서 담고 있는 이슈를 의제로 선정하여 각국의 상황에 따른 입장에서 토론할 수 있다. 토론참석자 들은 의제에 대해 다양한 의견을 주장할 수 있고, 결의안에 대한 찬반토론을 통해 최종결의안이 채택되는 형식으로 진행할 수 있다.

1) 대표적 토론에는 어떤 토론이 있는가?

2) 논제에 따른 토론에는 어떤 토론이 있는가?

3) 기타 토론에는 어떤 토론이 있는가?

CHAPTER 03

토론의 과정

최근 토론의 중요성과 필요성이 커지면서 중, 고등학교뿐만 아니라 초등학교에서도 토론활동이 활발해지고 있다. 그 이유는 토론은 자기주도 학습을 할 수 있게 함으로써 문제해결 능력을 향상시키며, 토론은 민주주의와 다양한 사회에서 필요한 태도와 인식을 갖도록 하기 때문이다. 또한 토론은 비판적 듣기를 가능하게 함으로써 효율적인 의사소통을 할 수 있도록 해서 다양한 가치가 공존하는 현대사회를 살아가는데 있어 매우 유익하고 서로 공존할 수 있는 방법을 제시해 줄 수 있기 때문이다. 앞으로 우리사회를 이끌어가야 할 청소년들에게 토론의 과정을 학습하고 체화하도록 격려하는 것은 민주사회에서 요구되는 시민교육을 위한 교육목표를 이룰 수 있는 좋은 방법이 될 것이다. 따라서 이러한 토론에 있어 어떤 과정으로 진행되는지 그 핵심과정에 대해 살펴보고자 한다.

1. 입론

입론은 논제에 대해 찬성 측과 반대 측이 각각 자기 팀의 입장을 담은 논점을 펼치는 과정이다. '정해진 논제에 대해 자기의 생각을 말한다'는 의미에서 발제라고 하기도 하며, 기조연설, 입장표명이라고도 한다. 양측의 토론자는 입론을 통해 자신의 주장을 정리해서 상대방이나 청중에게 명확하게 전달해야한다. 입론에서 펼친 논점을 토대로 해서 전체

토론의 방향이 결정되고 이어 교차조사 및 반론에 대한 기본 토대를 제공하기 때문에 논의되어질 내용은 반드시 입론에 포함되어야 한다. 그렇기 때문에 입론에서 자기 팀의 입장을 충분히 포괄해야 하며, 입론 내용을 근간으로 교차조사와 반박이 이루어지고 주장이 확장되기 때문에 토론 도중에 새로운 논점을 제시하거나 또는 상대팀이 입론에서 말하지 않는 논점에 대해 반박했다면 이는 잘못된 것이다. 입론에 들어갈 요소와 구성 방법은 다음과 같다.

1) 사회적 배경에 대한 설명

첫 번째 토론자는 입론의 서두에서 맨 먼저 논제에 대한 토론이 왜 필요한지 그리고 그 사회적 배경이 무엇인지를 청중과 상대방에게 알려줌으로써 청중의 관심과 흥미를 불러일으키는 것이 좋다. 청중이 토론의 필요성과 가치를 충분히 인식하고 토론을 문제 해결을 위한 장치로 받아들인다면 청중은 보다 적극적인 문제의식을 갖고 토론을 지켜볼 것이다.

2) 주요 개념에 대한 정의

논제를 둘러싼 사회적 배경에 대해서 설명한 후에는 논제에 포함된 주요 개념들을 정의해야 한다. 논제와 관련된 주요 개념을 정의한다는 것은 곧 논의의 범위를 한정하는 것을 의미하는 동시에 논의가 시작됨을 알리는 것이다. 주요 개념들을 어떻게 정의하느냐가 토론의 전 과정에서 자기 팀의 입장이나 주장을 받쳐 주는 기반이 되기 때문에 입론에서 주요 개념을 적절하게 정의해야 한다. 사회적 배경에 대한 설명과 마찬가지로 개념 정의 역시 토론에서 제일 먼저 발언하게 되어 있는 찬성 측이 먼저 시작하는데, 만약 반대 측이 찬성 측이 내린 개념 정의에 동의할 경우 그대로 진행되겠지만 만약 반대 측이 동의하지 않을 경우에는 반대 측이 개념에 대해 다시 정의할 수 있다.

3) 필수 쟁점 제시

입론에는 주요 개념에 대한 정의 외에도 자기주장의 논리적 정당성을 드러내는 필수 쟁점을 반드시 포함해야 한다. 필수 쟁점은 토론의 전체 방향을 좌우하는 핵심 요소들로서 논제 유형에 따라 차이가 있다. 사실 논제는 사실 여부와 행위의 책임 정도를, 가치 논제는 가치 간 우선순위와 가치의 판단 기준을, 정책 논제는 정책의 필요성, 실천 방안의 실효성, 실행 결과의 비용 편익을 필수 쟁점으로 다루면서 증거 제시와 논리적 추론을 통해서 자기주장을 정당화한다. 칼 포퍼식 토론과 같이 입론을 한 번만 허용할 경우 청중이 그 입론을 듣고 충분히 그 주장을 받아들여야겠다는 생각이 들게 하기 위해서는 모든 필수 쟁점을 입론에 포함시켜서 입론 내용을 구성해야 한다. 이에 비해 두 명의 토론자가 각각 입론을 한 번씩 번갈아가면서 하도록 되어 있는 교차조사형 토론의 경우에는 첫 번째 입론에서 가능한 한 모든 필수 쟁점을 포괄적으로 다뤄줌으로써 처음부터 청중에게 자신의 주장이 타당하다는 것을 보여 주고, 두 번째 입론에서는 자신에게 유리한 쟁점들을 중심으로 더욱 상세하게 다루는 전략을 구사할 수도 있다.

4) 두괄식 주장

주장을 펼 때에는 2~5개로 정리해서 두괄식(글의 첫머리에 중심내용이 오는 산문 구성 방식)으로 말하는 것이 좋다. 주장을 너무 많이 나열하기보다는 일정한 기준에 따라서 정보를 분류한 후 이를 2~5개의 주장으로 정리해서 근거 자료와 함께 제시하면 청중이 내용을 더 잘 이해할 수 있다. 이때 말하고자 하는 결론, 즉 주장을 먼저 말한 후에 이를 뒷받침할 수 있는 근거 자료를 제시하는 두괄식 구조로 말하는 것은 설득력을 높여주는 유용한 방법이다.

5) 대안의 제시

반대 측은 변화의 필요성에 대해서는 동의하나 찬성 측이 제시한 정책보다 더 나은 대안이 있다고 생각하면 대안을 제시할 수 있다. 대안 제시는 때로는 찬성 측에 맞서는 유용한 전략이 될 수도 있지만 매우 신중하게 사용하는 것이 좋다. 왜냐하면 대안을 제시한다는 것은 상대방이 제시하는 정책으로는 문제가 해결되지 않는다고 생각하기 때문인데 이것은 근본적으로 해결책이 필요하다고 주장하는 찬성 측 의견에 동의한다는 것을 의미한다. 이처럼 동일한 전제에서 찬성 측의 방안을 완전히 대체할 수 있는 방안을 제시하기란 쉽지 않다. 그래도 만약 반대 측이 새로운 대안을 제시한다면 반대 측은 반드시 자기주장에 대해 입증 책임을 져야 한다.

6) 요약과 강한 인상

입론 마지막에는 이미 거론한 내용 중에서 주요 내용들을 요약해 줌으로써 그 내용을 청중에게 다시 한 번 각인시키거나 자기주장의 핵심을 집약적으로 잘 드러낼 수 있는 이야기를 들려 주거나 속담이나 격언 또는 권위 있는 사람의 말을 인용함으로써 청중에게 강한 인상을 심어 줄 수 있다. 특히 후자의 방법은 청중에게 깊은 여운을 남김으로써 청중에게 메시지의 본질을 오랫동안 기억하게 하는 데 매우 효과적이다.

이상의 내용을 다시 정리하면 다음과 같다.

> ① 핵심용어의 개념을 정의한다. 핵심어를 명확하게 개념 정의하는 것은 효율적인 토론을 하기 위해 매우 중요하다. 물론 핵심어 정의는 상대팀의 동의를 얻을 수 있어야 한다.
>
> ② 논제를 둘러싼 사회적 배경을 말한다. 직접적으로 논점에 접근하기 보다는 논제의 배경이 되는 사회적 상황이나 배경을 언급함으로써 논점에 자연스럽게 접근하도록 한다.
>
> ③ 논점을 3-4개 항목으로 정리해서 전개한다.
>
> ④ 기대효과를 열거한다.

2. 반론

반론은 자신의 주장과는 다른 반대편 혹은 상이한 주장에 대한 잘못이나 허점, 오류 등을 문제삼고 자신의 주장의 정당성을 주장하는 논리적 활동이다. 여기에는 확인질문(교차조사), 반박, 최종발언(최종변론)이 속한다. 입론이 자신의 주장에 대한 긍정적인 논리라고 한다면, 반론은 반대의 주장에 대한 부정적인 논리라고 이해할 수 있다. 흔히 반론과 반박을 혼동하거나 혼용해서 사용하는 경우가 있는데 반론의 범위안에 반박이라는 행위나 과정이 포함된다고 보아야 한다. 확인질문을 하는 이유는 상대방의 입론에서 문제가 되거나 오류, 잘못된 점을 질문을 통해 확인하며 반론의 여지를 만들어가는 과정이며, 반박은 우선 자신의 주장과 반대되는 입장이나 주장을 하는 상대방이 존재한다는 것을 전제로 해서 문제점이나 오류가 인지되면 상대방을 적극적으로 잘못을 지적하며 공격하는 것이며, 최종발언(최종변론)은 입론과는 달리 반론에 대한 논리와 이유도 포함되므로 반론의 범주에 속한다고 볼 수 있다.

3. 확인질문(교차조사)

확인질문은 입론에서 발언을 마친 사람이 말한 내용을 확인하는 과정이다. 입론에 대해 반박할 수 있는 근거, 즉 오류나 문제점, 개념정의, 자료출처 등 상대방의 발언내용에 대해 질문하는 과정이다. 상대방이 말한 바를 조사한다고 해서 '교차조사' 또는 '교차질문'이라고 한다.

따라서 상대측 입론의 내용이나 주장에 대해 효과적으로 질문하기 위해서는 무엇보다도 잘 들어야 한다. 교차조사를 실시하는 취지가 토론자들이 상대측의 주장은 듣지 않은 채 자기주장만 내세우는 고질적인 문제를 극복하는 데 있는 만큼 교차조사에서는 반드시 상대 팀이 발언한 내용에 대해서만 질문해야 한다. 교차조사를 통해서 주요 개념과 용어가 정확하게 정의되었는지, 상대 팀 주장 중에 논제에서 벗어난 내용은 없는지, 모순되는 내용이나 표현은 없는지, 논리적으로 취약하거나 오류가 있지는 않는지 찾아내서 이를 부각시킨다. 예를 들어 주장을 뒷받침하는 증거인 사례, 통계 자료, 증언의 신뢰성과 증거에 대해 해석의 정확성을 문제 삼을 수 있다.

교차조사는 상대방이 발언한 내용을 단순히 확인하는 시간이 아니다. "~라고 말씀하신 거 맞습니까?"라고 사실을 확인한 후 일방적으로 자기주장을 늘어놓는 토론자가 있는데 이것은 올바른 교차조사가 아니다. 사실 확인 후에는 반드시 이 내용과 관련해서 상대방 주장의 문제점을 드러내는 것으로 연결해야 한다. 문제점이 있다는 것을 부각하기 위해서 질문자가 직접 문제점에 대해서 한 번에 얘기하는 것보다 문답식으로 몇 개의 질문과 답변을 교환함으로써 유도 신문해서 상대방으로 하여금 문제점을 스스로 인정하게 만드는 것이 효과적이다. 이처럼 일련의 질문을 통해서 단계별로 접근해서 어떤 결론을 이끌어 내는 과정은 토론에 역동성을 더할 뿐만 아니라 청중에게 흥미를 선사하기도 한다.

　　교차조사 시간을 상대방 주장에 나타난 문제점을 지적하고 나아가 이를 탄탄한 반론을 펴기 위한 토대로 삼기 위해서는 상대방으로부터 원하는 답변을 충분히 이끌어 내야 한다. 그러기 위해서는 질문을 효과적으로 해야 한다. 좋은 질문이란 한 번에 한 가지 논점에 대해서만, 짧게, 그리고 간결한 문장으로 질문하는 것이다. "~에 대해서 어떻게 생각하십니까?"와 같은 개방형 질문은 답변이 길어지기 때문에 피하는 것이 좋다. 주장이나 근거 자료 등의 사실 관계를 확인할 때는 '예'나 '아니오'의 답변을 유도하고 설명이 필요할 때는 구체적인 문제를 거론하며 짧은 답변이 나올 수 있도록 폐쇄형 질문을 던지는 것이 효율적이다. 이런 점에서 발산적 해결방안을 논의하는 토의때의 질문과는 다르다. 또한 간혹 질문하고 답변하는 과정에서 흥분하거나 예의 없는 모습을 보이는 토론자가 있는데 이것은 토론의 윤리에 어긋난다. 주장에 나타난 문제점에만 집중해서 예리하게 질문을 해야지 주장하는 사람을 공격하는 것처럼 비쳐서는 결코 안 된다. 확인질문을 할 경우에는 다음에 유의해서 진행해야 한다.

① 상대팀이 발언한 내용에 대해서만 질문해야 한다.

② 상대방이 내세운 논점이나 발언 내용의 허점에 대해 질문한다.

③ 논점을 뒷받침하는 논거의 타당성에 대해 질문한다.

④ 발언내용을 단순히 확인하는 질문은 피한다. "이런 말씀을 하셨습니다. 맞습니까?" 단순한 내용확인에 머무는 것이 아니라 상대팀의 주장에 대한 반론으로 이어질 수 있는 내용전개를 위한 질문을 한다.

⑤ 질문자는 상대방에게 예의 있는 태도로 질문해야 한다.

4. 반박

토론의 핵심은 반박에 있다. 토론은 서로 다른 입장을 전제로 대립된 의견을 논의하는 것이므로 반박은 토론에서 가장 핵심적인 단계이다. 반박은 주어진 짧은 시간 동안 양쪽의 입론과 교차조사를 통해서 드러난 쟁점들을 정리해서 상대방 주장이나 근거가 지닌 약점과 허점을 공격하면서 왜 잘못되었고 어떤 점에서 오류가 있는지를 밝히는 부분이다. 또한 반박은 자신의 주장이 지닌 강점을 강화하는 단계다. 즉, 무조건 상대방 주장에 반대한다거나 앞서 말한 입론 내용을 단순히 반복하는 것이 아니라 상대방 주장과 비교해서 자신의 주장이 더 가치가 있다는 것을 증명해야 한다. 그러기 위해서는 자기주장의 약점이나 한계에 대해 정확히 파악해 둠으로써 예상되는 반론에 대비해야 한다. 그리고 주장과 근거가 자신의 논지를 약화시키거나 논제의 범위를 벗어나지 않도록 반론을 펴는 것도 잊지 말아야 한다.

반박에서는 무엇보다도 상대방 주장에 잘못이 있다는 것을 꼼꼼하게 비판해야 한다. 예를 들어 상대방이 내세우는 주장이 논제에서 벗어났다는 점, 상대방이 자신의 주장을 뒷받침하기 위해 제시한 근거가 불충분하거나 신뢰할 수 없다는 점, 주장과 근거에서 일관성이 결여되거나 모순이 있다는 점을 들어서 반박할 수 있다. 상대 주장에 대한 비판능력은 반박에서 가장 중요한 평가 기준이다.

　시간 관계상 앞에서 거론한 쟁점들을 모두 언급하기에 무리가 있을 때에는 첨예하게 대립하는 중요 쟁점들 중에서 자기에게 유리한 쟁점을 선택해 이에 대해서 집중적으로 반박하는 전략을 펴는 것이 효과적이다. 왜냐하면 상대방이 제시한 논점을 모두 반박하지 않고 그중 결정적인 논점 하나만 제대로 반박을 해도 상대방 주장이 잘못되었다는 것을 입증하는 셈이 되기 때문이다.

　나아가 상대방 주장과 자기주장을 비교하고 대조함으로써 자신의 주장이 상대방보다 우월하다는 것을 또는 상대방이 제시한 증거들보다 자신들이 제시한 증거가 좀 더 신뢰할 만하다는 점을 들어서 자신의 주장에 무게를 실어야 한다. 특히 찬성 측은 자기 측이 주장하고 있는 정책이 다른 어떤 대안보다 뛰어난 최선의 정책이라는 것을 입증하는 데 방점을 두어야 한다. 이상의 내용을 정리하면 다음과 같다.

> ① 상대방이 내세운 논점이 논제에서 벗어나지 않았는지 검토한다. 논점에 대한 상대방의 논점이 논점일탈의 오류를 범하고 있지 않는지 논리적 타당성을 검토한다.
>
> ② 상대방의 근거가 타당한지 검토한다. 상대방의 주장을 뒷받침하는 근거가 사실적인지 또는 충분한지 적절한지를 검토해서 타당하며 설득력이 있는지 검토한다.
>
> ③ 입론에서 제시하지 않는 논점을 들어 반박해서는 안 된다. 아무리 상대팀 입장에 대한 직접적인 반박논거를 가지고 있다고 하더라도 상대팀의 입론에서 제시되지 않는 논점이라면 반박해서는 안 된다.

5. 최종발언(최종변론)

　최종발언(최종변론)은 결론에 해당된다. 최종발언은 지금까지 토론한 내용을 간략하게 요약하고 정리하고 토론논제에 대한 자신의 입장을 청중을 향해 다시 한 번 선명하게 부각시키는 단계다. 최종발언은 입론과는 달리 상대방의 논점에 대해서도 인정하고 반론에 대한 기본 논거에 대해서도 언급이 되어야 하며, 결과적으로 자신의 논점에 대한 예외를 인정하되 더 나은 정당성을 부각시키며 마무리하는 단계이다. 최종발언 역시 반론이 개입되므로 앞서 언급한 바와 같이 반론의 범주안에 포함된다. 최종발언의 순서는 다음과 같다.

① 논제에 대한 자기 팀의 입장과 논점을 간략하게 정리한다.

② 자기 팀의 논점에 대한 상대 팀의 반박을 간략하게 정리하고 이에 대해 자기 팀의 전체적인 입장을 밝힌다.

　교차조사형과 칼 포퍼식 토론에서는 최종 발언이 편성되어 있지 않기 때문에 찬성 측과 반대 측은 각각 자기 측 마지막 반박의 말미에 최종 발언을 대신해서 논제에 대한 자기 팀의 주장과 상대 팀 주장에 대한 자기 팀의 주요 반박 내용을 간략하게 정리함으로써 청중과 심사위원들에게 자기 측 입장과 주장을 다시 한 번 환기해 주는 것이 좋다.

1) 토론의 과정 중 입론이란 무엇인가?

2) 반론의 요소에는 무엇이 있는가?

3) 토론의 과정 중 확인질문(교차조사)이란 무엇인가?

4) 토론의 과정 중 반박이 하는 역할은 무엇인가?

5) 토론의 과정 중 최종발언이란 무엇인가?

독서토론과 도서 및 논제 선정

1. 독서, 독서교육 그리고 독서토론

철학자 프란시스 베이컨은 '독서는 완전한 사람을 만들고 토론은 부드러운 사람을 만들고, 논술은 정확한 사람을 만든다'고 했듯이 독서는 사람을 진정 사람답게 만드는 유용한 활동이다. 여기서 완전하다는 의미는 무엇일까? 사람이 완전해진다는 것은 올바른 인성을 이루는 것으로 해석할 수 있으며 이를 위해서는 독서라는 행위가 매우 유용하다는 것을 강조하고 있는 것이다.

프란시스 베이컨

실제로 철학자 칸트는 무엇보다 독서를 중요시 여겼다. 그의 서재에는 엄청난 양의 책들로 채워져 있고, 그는 언제나 시간가는 줄 모르고 책을 즐겨 읽었다. 칸트의 독서와 관련한 유명한 에피소드가 있다. 규칙적인 생활습관을 갖고 있는 칸트는 늘 같은 시간에 정확하게 산책하는 것으로 유명했다. 그런데 어느 날 칸트가 산책을 하러 나오지 않은 것이다. 매일같이 나오던 사람이 나오지 않자 많은 사람들이 그를 걱정했고, 또 궁금해하였다. 심지어 죽은 것은 아닐까하는 사람들도 있었는데 마을사람들의 많은 추측은 모두 틀린 것으로 판명이 났고, 칸트가 그날 산책하지 않은 이유가 책을 읽다가 그만 책읽기의 즐거움에 빠져 중요한 생활습관을 잊어버리게 된 것이었다. 그가 읽던 책이 프랑스의 철학자이자 교육학자인 루소의 『에밀』이라는 책으로 자녀들의 교육과 관련한 책이다. 독신으로 살았던 그가 자녀교육과 관련한 책을 읽다가 산책을 못한 것 자체도 매우 재미있는 일이지만 그가 그렇게

임마누엘 칸트

좋아하던 산책을 잊을 정도라면 독서의 즐거움을 잘 말해주는 사례라 할 것이다. 칸트의 지적대로 인간이 보다 인간다워지기 위해서는 생각을 키워야하고 그 생각을 키우기 위해서는 독서가 필요하다.

독서는 언어를 통해 이루어지는 제반 활동을 의미한다. 즉 독서는 문자로 이루어진 텍스트를 해독하여 필요한 정보나 지식, 가치관을 자신의 기억창고에 저장시키고 나아가 필요할 때 인식된 내용을 적절히 꺼내어 쓸 수 있도록 하는 일련의 사고활동을 말한다.

레프 비고츠키

비고츠키는 인간이 언어를 부리는 능력을 인지 발달의 결정적 요인으로 설명하고 있다. 언어가 사고의 발달에 절대적인 영향을 끼친다는 점이다. 비고츠키는, 인간이 다른 동물과 구별되는 점은 고등사고를 할 수 있다는 점인데 이 고등사고는 상징 체계의 사용을 통하여 가능해졌다고 하였다. 다시 말해서 인간만이 소유하고 있는 고등사고는 바로 언어의 사용과 밀접하게 결부되어 있으며 그것을 부릴 줄 아는 능력에 크게 의존한다는 것을 의미한다.

따라서 독서는 언어능력과 밀접한 관련을 갖고 있기에 독서를 잘하면 언어능력이 자연스럽게 성장하게 될 뿐만 아니라 사고능력까지 성장하게 된다. 즉 인간의 사고는 언어를 통해 이루어지므로 훌륭한 생각과 창의력을 발전시켜나가며 우수한 인재를 만드는 핵심적인 역할을 할뿐만 아니라 올바른 인성을 함양하고 기르는데 매우 유용한 활동이자 교육방법이다.

신현순(2006)은 독서는 모든 교과 교육의 기초를 이룸과 동시에 이를 통해 각종 정보와

풍부한 어휘력, 체계적 지식을 얻을 수 있으며, 폭넓은 사고력과 창의력, 그리고 올바른 인격형성과 순화에도 중요한 역할을 하므로, 독서교육이 더욱 활성화되어야 한다고 지적한다.

독서가 주는 유익은 매우 다양하다. 우선 정보나 지식을 얻어 이를 삶에 활용할 수 있도록 돕는다. 일반적인 상식뿐만 아니라 전문적인 지식을 얻음으로써 일상적인 삶에서의 적용과 더불어 자신이 원하는 분야에서의 활동과 이해를 높여준다.

독서는 또한 과거와 현재, 그리고 미래를 연결해주는 역사성을 갖는다. 인류가 글자를 만든 이래로 과거에 존재했던 문화적, 학문적 콘텐츠를 현재에, 그리고 향후 미래에 전하고 연결하는 역할을 독서는 맡고 있다.

아울러 독서는 변화와 발전을 돕는다. 과거의 지식이나 정보를 단지 연결해주는 것만은 아니다. 새롭게 알게 된 사실과 새로운 이야기, 현재의 변화와 더불어 계속 새로운 것을 덧입으며 볼륨을 넓혀가는 속성을 갖는다. 특히 지금은 정보화사회로 엄청난 정보와 지식이 넘쳐난다. 독서를 통해 필요한 것을 얻지만 이를 다시 재가공하여 발전시키는 것도 독서가 맡은 역할이다.

독서는 이것만이 아니다. 즐거움과 재미를 준다. 독서삼매경이란 말도 있듯이 책속에 빠져 몰입하는 즐거움, 상상의 즐거움, 감정이입의 즐거움, 카타르시스의 즐거움, 이야기속의 주인공이 된 즐거움, 자신이 몰랐던 새로운 세상을 보면서 느끼는 활홀감, 새로운 경험으로부터 오는 기쁨 등 독서는 다양한 즐거움을 선사한다.

또한 독서는 삶의 가치나 이치를 터득하도록 돕는다. 독서는 단지 유용한 지식이나 정보만을 얻게 해 주는 것은 아니다. 사람이 살아가면서 함양해야할 다양한 가치와 정신, 사상을 얻으며 자신의 삶에 적용할 수 있게 한다. 교양이라는 단어로도 사용할 수 있는 분야에서 독서는 매우 큰 역할을 해낸다. 성경과 같은 종교서적, 소설과 같은 문학서적, 자신의 인격도야와 인간과 인간의 상호관계를 중시하는 윤리서적 등 삶을 질적으로 풍요롭게 하는 역할도 한다.

이와 같이 독서라는 행위는 인간에게 있어 지식과 정보를 제공해 주고, 교양을 높여주며, 취미와 오락의 기회를 제공해 주는 역할을 한다. 그러므로 독서는 인간 생활에 있어서 자기 발전을 위해 사용할 수 있는 가장 적절한 도구이다. 따라서 독서의 질과 양은 곧 자기 발전의 정도를 가늠해 주는 척도라고 생각할 수 있다. 이러한 독서행위와 관련한 제반 교육활동이 바로 독서교육이다. 독서교육을 통해 읽기, 말하기, 듣기, 쓰기와 같은 기초학습능력 뿐만 아니라 많은 지식과 정보를 축적하게 되고 그것을 제대로 활용할 수 있는 지혜가 성장하게 된다. 아울러 자기주도적인 학습능력이 성장하게 되고, 창의력 발달, 올바른 가치관이 형성되도록 도와주는 것이 독서교육이다. 이를 위해서는 올바른 독서방법, 양서의 선택, 독서토론, 다양한 글쓰기 등의 체계적인 독서교육이 이루어져야하며 이와 함께 국어과를 비롯한 각 교과 교육과 재량활동 및 특별활동에 독서교육을 적극 활용하여 보다 깊고 심화된 사고영역으로 이끌어가야 한다. 특히 독서토론은 이와 같은 독서교육에 있어 핵심적인 역할을 맡고 있다.

독서토론은 독서 후 스스로 내용을 이해하고 소화하여 자신의 사고나 행동에 도움이 되게 하는 독서과정의 하나이다. 즉, 독서 토론은 "책을 읽고(독서), 서로의 의견을 나누는 (토론) 언어활동"이다. 특정도서를 선정하여 핵심논제들을 추출한 다음 각자 이해한 바를 토대로 서로 의견을 나눔으로써, 토론 대상인 책에 대한 자신의 이해를 높이고자 하는 집단 활동이 바로 독서토론이다. 이런 점에서 일반적인 토론과는 다소 다르며, 내용을 이해하고 소화하는 과정은 '토의'적 성격이 강하며, 자신의 사고나 행동을 밝히고 설득하는 과정은 '토론'적 성격이 강하다. 따라서 독서토론은 토론과 토의의 특성을 모두 갖되, 독서라는 매개를 통해 이루어지는 행위로 보아야한다.

독서토론의 효과를 정리하면 다음과 같다.

① 플라톤이 지적한 바처럼 읽는 이에 따라 책은 양서가 될 수 있고 혹은 악서가 될 수 있다. 토론은 책에 대한 여러 가지 다양한 해석을 쉽게 접함으로써, 개인적인 책읽기에서 흔히 일어날 수 있는 피상적이고 독단적인 이해의 위험을 극복할 수 있다.

② 토론하기에 적합한 좋은 책을 골라 정밀히 읽는 능력과 자세를 키울 수 있다.

③ 자기 의사를 논리적이고 효율적으로 표현할 수 있는 능력과 상대의 의견을 존중하며 듣는 자세를 키울 수 있다.

④ 합리적인 이성을 중시하는 토론 과정을 통해 참가자 각자의 민주적 소양을 기를 수 있다. 함께하는 수업형태를 통해 서로 책을 읽고 난 다음 나누는 이야기를 통해 다양한 생각을 받아들이게 되고 우리사회가 더불어 살아가는 곳이라는 점을 알게 해준다.

⑤ 토론은 쉴 새 없는 지적사고활동을 요구하므로 사고력신장에 있어 가장 큰 영향력을 발휘한다. '사고력'이란 '생각할 수 있는 힘'을 말하는 것이다. 논리적, 비판적 사고를 향상시키며 창의적 사고를 키워주는 역할을 한다.

⑥ 독서토론을 통해 다양한 관점을 수용하는 능력을 기를 수 있다. 책의 내용이나

주인공의 행동에 대한 자신의 생각만이 옳은 것이 아니라, 자신의 견해와 상반된 견해에 대해서도 관용할 수 있도록 해준다.

⑦ 일반적인 주제토론보다는 책의 내용에 근거해서 토론할 수 있으므로 근거 있는 토론과 생각의 확장을 가져올 수 있다. 텍스트나 자료 없이 하는 토론보다는 주장하거나 근거를 제시할 때 바탕을 가질 수 있으므로 보다 객관적 지평에서 토론할 수 있고 합리적인 생각의 확장을 가져올 수 있다.

2. 독서토론의 도서 및 논제 선정

독서토론을 위한 독서활동에 있어서는 우선 논제에 맞는 읽기가 되어야한다. 즉 논제 이해, 논리성 확보를 위한 목적독서를 해야 하며, 이와 함께 주어진 정보를 정확하게 분석하여 자신에게 필요한 논리적 근거를 도출해야 한다. 또한 상대방의 잘못이나 오류를 비판할 수 있는 근거도 독서를 통해 확보해야하며, 주어진 논제와 관련한 여러 자료나 입론 등을 찾아 읽기를 통해 소화해야 한다.

독서토론은 즉흥성을 띠지만 배경지식과 다양한 논리적 근거위에서 행해지므로 미리 읽고 소화하여 자신의 것으로 만들어두지 않으면 적절하고 효율적인 토론활동이 이루어질 수 없으며 자칫하면 허둥대다가 토론이 끝나고 말게 된다.

1) 독서토론을 위한 도서 선정 방법

일반적 독서 차원의 도서 선정에는 개인적 관심사나 읽어야 할 목적에 부합하는 책, 새로운 정보나 마음의 안정을 주는 책, 개인 독서력 발달 단계에 따른 개별화된 맞춤 도서를 선정하게 되지만 토론 차원에서의 도서 선정 방법은 조금 차이가 난다. 즉 쟁점이 분명하게 드러나는 책이어야 하며, 독서 토론 참여자들의 일반적 독서 능력 수준을 고려한 책이며, 사회문화적으로 공통의 관심사를 반영하고 시각의 지평을 확장시켜주는 책을 선정해야 한다. 가장 큰 차별성은 작가가 말하고자 하는 핵심 주제와 관련해 독자에 따라

서로 다른 의견을 가질 수 있느냐, 즉 쟁점을 찾아낼 수 있느냐이다. 천편일률적인 사건 전개 과정과 전형적인 인물의 등장, 혹은 당연히 귀착되어야 할 결말만이 담겨있는 책은 공통의 관심사를 담은 논제 자체를 뽑아내기 어렵기 때문에 적당하지 않다.

따라서 토론하기 좋은 책으로는 쟁점이 분명하게 드러나는 책, '찬성과 반대', 혹은 '좋다와 싫다' 등과 같이 대립 의견이 분명하게 드러날 수 있는 책이어야 한다. 또한 주제 의식이 분명하게 드러나는 책이어야 한다. 특히 누구나 이해가능한 보편타당한 가치를 지녀야 하며, 특정 가치관에 선입견을 주거나 편향된 시각이 드러나는 책은 선정하지 말아야 한다.

2) 논제 선정의 원리

① 토론 참여자들의 공통의 관심사를 불러일으킬 수 있는 문제를 탐색해야 한다.

② 찬성과 반대의 입장에서 접근할 수 있는 명확한 논제인지 확인해야 한다.

③ 논제 서술 방식은 닫힌 논제(폐쇄형)가 적합한지 열린 논제(개방형)이 적합한지 판단해야 한다.

④ 논제의 유형이 사실 명제, 가치 명제, 정책 명제 중 어느 것인지 확연하게 드러나게 서술해야 한다. 그렇지 않으면 찬성과 반대의 양측 토론자들이 논제 성격을 각기 다르게 이해하고 토론을 시작하게 되고, 그럴 경우 토론은 계속 본질적인 접근을 못 한 채 맹점에서만 떠돌게 된다.

⑤ 독서토론 과정에서의 논제 도출은 독서 자료에 근거하는 것이 좋다. 기본 배경 지식이 동일하면 토론 학습자가 토론 과정에 더 적극적으로 동참할 수 있다.

⑥ 문학 작품의 경우 등장 인물간의 갈등 상황이나 사건의 흐름상의 위기 단계에 주목해야 한다. 입장에 따라 첨예할 수 있기에 논제를 도출하기가 쉽다.

⑦ 문학 작품 중 시 영역에서 논제를 도출하고자 할 때는 작가가 상징을 통해 무엇을 말하고자 하는지에 주목해야 한다.

⑧ 비문학 작품의 경우 해당 논제가 사회문화적으로 얼마나 의미 있는 영향력을 미칠 수 있는지를 생각해야 한다. 별 의미 없는 내용의 논제는 토론 과정의 흥미도를 떨어뜨리게 된다.

⑨ 다소 비본질적인 성향의 논제라도 핵심 논제를 논하기 위해 초점을 맞춰가는 과정에서 필요할 수 있다. 이는 보조 논제로서의 의미가 있다.

⑩ 논제는 보다 세밀하고 구체적인 사항에서 도출해내는 것이 좋다. 그렇지 않으면 찬성과 반대측이 모호한 입장을 갖게 될 수 있다.

⑪ 논제를 서술할 때는 용어 정의에 있어서 찬성과 반대쪽이 모두 인지할 수 있는 공유 개념으로 서술해야 한다. 예들 들어 안락사의 경우 적극적 안락사인지 소극적 안락사인지를 명시하는 것이 좋다.

⑫ 하나의 논제에는 단 하나의 쟁점만 부각되어야 한다. 하나의 쟁점에 대해 찬성과 반대가 분명하게 드러나야 하므로 하나의 논제 안에 복수 쟁점은 허용되지 않는다.

⑬ 논제 문장을 어떻게 구성하느냐에 따라 논제의 성격이 달라질 수 있다. 사실 논제나 정책 논제를 구성하면서 가치판단의 표현을 포함시키면 가치 논제로 혼동할 수 있기 때문이다.

⑭ 논제가 어느 한 쪽으로 치우친 의견을 포함하고 있지는 않은지를 점검해야 한다.

3) 논제 실제 사례

논제	논제 유형	설명
자율학습은 존치해야 하는가?	정책	자율학습을 통해 강제적으로라도 공부할 수 있는 분위기를 제공해야한다는 입장과 말 그대로 자율적인 학습을 위해서는 집이나 독서실 등 학생 자신의 자율에 맡기는 것이 옳다는 입장으로 토론이 가능하다.
사형 제도는 존치해야 하는가?	정책	누군가의 생명을 공공의 이름으로 빼앗는 것 자체가 인간의 존엄성을 침해는 것이라는 입장과 공공을 위해서라면 사형이라는 제도를 통해 반사회적 인간을 단죄할 수 있다는 입장이 나올 수 있다.
동물 실험은 비윤리적이다.	가치	'윤리적이다, 비윤리적이다'는 개인의 가치 기준에 따라 다르게 규정되므로 논제 자체가 이미 가치적인 측면을 지녔다.
심청이가 인당수에 몸을 던진 행위는 효도인가?	가치	심청이의 행동에 대해 효도인지 불효인지에 대한 가치관적 판단을 요구한다.
비만의 원인은 패스트푸드로 인한 것이다.	사실	비만의 원인이 패스트푸드인지에 대한 다양한 정보와 입증자료를 통해 확인하면 된다.
독도는 우리 땅이다.	사실	과거 현재에 걸쳐 독도가 우리땅임을 입증하는 자료를 제시하면 된다.

1) 독서의 개념과 독서의 유익은 무엇인가?

2) 독서토론의 정의와 효과에는 무엇이 있는가?

3) 도서 선정에는 어떤 원칙을 따라 행해져야 하는가?

4) 논제 선정에는 어떤 원칙을 따라 행해져야 하는가?

CHAPTER 05

독서토론과 질문

1. 질문의 정의와 의미

질문이란 사전적 정의로서 모르는 것을 알기위해 물음을 던지는 것이다. 인간은 생각하는 이성 즉 사고력을 지녔기 때문에 다른 동물들과는 달리 스스로 질문을 던지고 그 질문에 대해 답을 얻고자 노력하는 활동을 하게 된다. 지금껏 쌓아온 학문적 결과물들도 이러한 질문에 대한 답을 탐구하다가 얻어진 결과인 것이다. 발명가나 학자의 예를 들어보면 질문이 결과적으로 발명이나 학문적 업적으로 연결되었다는 사실을 쉽게 추론할 수 있을 것이다. 비행기를 만든 라이트형제는 "인간은 하늘을 날 수 없는가?", "어떻게 하면 인간이 하늘을 날 수 있는가?"와 같은 질문을 스스로에게 던졌을 것임은 불 보듯 뻔하다. 아이작 뉴턴은 사과나무에서 사과가 떨어지는 것을 보고 다음과 같은 질문을 던졌을 것이다. "사과는 왜 꼭 위에서 아래로 떨어지는 걸까? 무슨 힘이 작용하는 것은 아닐까?" 이러한 질문들이 결국 비행기를 탄생시켰고, 만유인력의 법칙을 도출해낼 수 있었던 것이다. 이처럼 질문은 사고력이 동반되어야 가능한 활동이며, 질문과 사고력은 상호보완적인 특성을 갖는다. 따라서 질문활동을 통해 사고력이 배양되고, 이러한 사고력은 보다 활발한 질문활동을 지원한다.

2. 자기질문

자기질문이란 스스로 질문을 던져보고 그 답을 찾아보는 활동을 의미한다. 이러한 자기질문을 통해 읽기능력 뿐만 아니라 학습능력, 문제해결능력 등을 키워나갈 수 있다는 연구발표들이 많다. 이러한 자기질문은 곧 다른 사람과의 토의, 토론으로 연결될 수 있다. 책을 읽다가 궁금한 내용을 질문하고 스스로 답을 찾아보기도 하지만 자신의 답이 곧 정답이라고는 할 수 없다. 그래서 함께 읽은 사람과 함께 의견을 물어보고 자신의 답과 같으면 자신의 지식으로 저장하고 그렇지 않으면 왜 다르고 차이가 나는지 파고들어 심화된 답을 찾게 되며 그것을 또한 자신의 것으로 만들어가는 것이다.

◇◇◇◇◇◇◇◇◇◇◇◇◇◇◇◇

저의 유일한 독서습관은 질문을 하며 책을 읽는 것이에요.
책은 작가와의 대화로 초대하는 일종의 초대장입니다.

- 마이클 샌델 하버드대 교수

◇◇◇◇◇◇◇◇◇◇◇◇◇◇◇◇

3. 질문과 토론

유대인의 공부방법 중에 유명한 것이 하브루타(유대인식 토론)이다. 예시바라고 하는 유대인의 도서관을 들어서면 색다른 느낌을 받게 되는데 보통 조용하고 엄숙한 도서관의 분위기와는 달리 책을 크게 소리내어 읽고, 옆사람이나 다른 사람과 크게 논쟁을 벌이고 있어 매우 시끄럽다. 이들은 결코 읽은 책을 조용히 혼자 소화하기 보다는 읽은 내용에 대해 다른 사람에게 질문하고 답을 찾고 여기서 답에 차이가 있으면 자신의 답을 옳다고 주장하는 토론이 자연스럽게 이루어지는데 특히 유대인의 경전이라 할 수 있는 탈무드를 갖고 토론하는 것이 일반적인 하브루타이다.

유대인의 격언중에는 '말로 표현하지 못하는 것은 자신의 지식이라고 할 수 없다'고

할만큼 유대인들은 얻어진 지식을 말로 표현하는 훈련의 중요성에 대해 강조한다. 그런데 이것은 질문이 선행되어야 가능하다. 질문과 토론은 서로 뗄 수 없는 관계인 것이다. 앞서 살펴보았던 유대인들의 학문적 결과물들은 바로 이런 질문과 토론의 과정을 통해 얻어진 것이라 해도 과언은 아닐 것이다.

4. 질문의 유형과 사례

흔히 질문하면 6하원칙을 떠오르게 된다. '언제, 어디서, 누가, 무엇을, 어떻게, 왜'라는 질문을 통해 자신이 알고자 하는 것을 얻으려고 한다. 하지만 실제적으로 이러한 질문을 제대로 활용하지 못하는 것이 사실이다. 따라서 우선 6하원칙에서 활용되는 질문을 보다 다양하게 활용할 수 있도록 책을 읽고 나서 이루어지는 질문의 유형에 대해 살펴보기로 한다.

1) 질문에 대한 답의 위치에 따른 질문유형

Perason과 Johnson(1978)이 분류한 질문유형에는 명시 질문, 내포 질문, 비판적 질문으로 구분한다. 명시 질문은 해답이 교재 안에 있다. 내포 질문은 모든 정보는 교재 내에 있지만 문장과 문단을 통해 전체 내용을 파악해야 한다. 비판적 질문은 배경지식이나 경험을 가지고 있어야 응답할 수 있는 질문이다. 가톨릭대학교 우석독서교육연구소(2008)에서는 이들의 질문 분류 체계를 기반으로 다음과 같이 질문을 분류하였다. 바로 거기에, 생각하고 찾기, 내 힘으로의 질문유형으로 바로 거기에 질문은 비교적 간단한 내용을 물으며, 질문하는 답이 질문한 내용 근처에서 찾을 수 있는 질문유형으로 명시 질문과 유사하다. 생각하고 찾기 질문은 앞서 바로 거기에 질문과 비슷하지만 질문의 답이 바로 같은 문장에 있는 것이 아니라 책의 여러 곳에 답이 존재하는 것을 말한다. 따라서 내포 질문과 유사한 질문유형이다. 내 힘으로 질문은 독자가 자신의 배경지식이나 경험을 활용하여 추론하거나 유추하여 문제를 해결하는 질문으로 창의적이고 종합적인 사고능력을 키워갈 수 있는 유용한 질문으로 비판적 질문과 비슷하다. 가령 『꽃들에게 희망을』(시공주니어)이란 책을 예로 들면 다음과 같다.

> 아주 옛날, 작은 호랑 애벌레 한 마리가 오랫동안 아늑한 보금자리가 되어주었던 알을 깨고 나왔습니다. 〈중략〉 "배가 고픈걸." 이런 생각이 들자, 호랑 애벌레는 자기가 태어난 곳인 초록빛 나뭇잎을 갉아먹기 시작했습니다. 〈중략〉 그러던 어느 날, 호랑 애벌레는 먹는 일을 멈추고 생각했습니다. "그저 먹고 자라는 것만이 삶의 전부는 아닐 거야. 이런 삶과는 다른 무언가가 있을 게 분명해. 그저 먹고 자라기만 하는 건 따분해."

이 지문에서 바로 거기에 질문(명시질문)은 "이 글의 주인공은 누구인가요?(호랑애벌레)", "호랑애벌레는 무엇을 갉아먹었나요?(초록빛 나뭇잎)", "호랑애벌레는 먹는 일을 멈추고 무엇을 했나요?(생각)"와 같은 질문들이다. 이러한 질문의 답들은 지문에서 바로 찾을 수 있다.

생각하고 찾기 질문(내포질문)은 앞서 바로 거기에 질문과 비슷하지만 질문의 답이 바로 같은 문장에 있는 것이 아니라 책의 여러 곳에 답이 존재하는 것을 말한다. 따라서 책에 대한 이해뿐만 아니라 사고능력을 확인할 수 있는 질문이다. 앞서 언급한 지문을 예로 들면 "노랑애벌레는 어떻게 나비가 될 수 있었을까요?"와 같은 질문을 만들고 그답은 "늙은 애벌레의 도움으로, 자신의 존재를 깨달아서, 잘못된 허상을 쫓는 삶이 무의미해서"와 같은 여러 답들을 책의 여기저기서 찾아낼 수 있다.

내 힘으로 질문(비판적 질문)은 독자가 자신의 배경지식이나 경험을 활용하여 추론하거나 유추하여 문제를 해결하는 질문으로 창의적이고 종합적인 사고능력을 키워갈 수 있는 유용한 질문이다. 가령 "애벌레들이 나비가 되는 것이 왜 꽃들에게 희망이 되는 것일까요?", "애벌레들의 기둥을 끝까지 다 올라간 호랑애벌레는 어떠한 생각을 했을까요?", "노랑나비는 호랑애벌레에게 무슨 말을 전해주려 했을까요?"와 같은 질문이 바로 내 힘으로 질문이라 할 수 있다.

2) 대상에 따른 질문유형

배철우는 어떠한 대상에 대해 질문하느냐에 따라 '사실적 질문', '평가적 질문', '상상적 질문', '분석적 질문', '핵심적 질문', '추가적 질문', '경험적 질문', '관계적 질문', '감각적 질문', '수용적 질문', '과정적 질문', '표현적 질문', '근거적 질문', '문제해결적 질문', '인과적 질문', '함축적 질문' 으로 분류하였다. 고전소설 '심청전'을 예로 하여 설명하면 다음과 같다.

사실적 질문은 책 속에 있는 사실을 대상으로 한 답변을 도출하는 질문이다. 단답식이며 책에서 쉽게 답을 찾을 수 있는 질문이다. 앞서의 바로 거기에 질문과 비슷한 질문의 유형으로 이해할 수 있다. 『심청전』을 토대로 하여 만든 사실적 질문은 가령 "이 책의 주인공은 누구인가?", "심청이 아버지는 어떤 장애를 갖고 있는가?", "심청이의 어머니는 언제 돌아가셨나?" 등이다.

평가적 질문은 주인공이나 책 중 등장인물의 행동이나 생각의 옳고 그름과 같은 가치판단을 대상으로 한 질문으로 어느 것이 옳은가를 판단하게 하여 그것에 대한 평가를 위한 질문이다. 가치판단을 도울 수 있는 질문이며 나아가 비판능력도 만들어주는 질문이다. 이 평가적 질문을 통해 찬반 토론의 가치논제를 만들어낼 수 있다. 『심청전』을 토대로 하여 만든 평가적 질문은 가령 "아버지를 두고 인당수에 몸을 던진 심청이의 행동은 과연 효도인가?" 등이다.

상상적 질문은 "그 주인공은 앞으로 어떻게 되었을까요?"와 같이 책 속의 내용을 토대로 상상의 내용을 대상으로 하는 질문을 말한다. 답이 정해져 있지 않고, 무한한 상상력과 창의적인 사고를 활용할 수 있는 좋은 질문이다. 또한 가정하여 물을 수도 있다. 『심청전』을 토대로 하여 만든 상상적 질문은 가령 "눈을 뜬 심봉사는 심청이와 어떤 삶을 살게 되었을까요?", "만일 심청이가 하늘로부터의 도움을 받지 못했다면 어떤 일이 벌어졌을까?" 등이다.

분석적 질문은 책의 내용을 보다 깊이 있게 사고할 수 있도록 하기 위해 책의 여러 단서들을 대상으로 한 중요한 질문의 하나이며, 답이 하나가 아닌 복수의 답을 요구하는 질문이다. 이해와 더불어 유추능력을 필요로 하는 고도의 지적 질문이다. 이야기구조의 책인 경우 발단 - 전개 - 위기 - 절정 - 결말의 순서에 따라 질문을 구성하면 보다 책에 대한 분석이 효과적이다. 『심청전』을 토대로 하여 만든 분석적 질문은 가령 "심청이의 어머니는 왜 죽게 되었나?", "심봉사는 심청이를 어떻게 키웠나?", "심봉사는 왜 덥석 공양미삼백석을 바치겠다고 약속했나?" 등이다.

핵심적 질문은 책의 주제나 작가의 의도를 대상으로 하는 질문을 말하며, 반드시 독서 수업시 제시되어 아이들과 함께 질문하고 답할 수 있도록 해야 하는 중요한 질문이다. 학습목표와도 관련이 있는 질문이다. 가령 『심청전』을 읽고 학습목표를 심청이의 효에 맞추었다면 핵심적 질문은 "왜 심청이는 인당수에 몸을 던졌을까?"와 같은 질문을 통해 그 답변이 아이들의 입에서 (효녀여서, 아버지의 눈을 뜨게 하기 위해서, 아버지를 지극히 사랑해서, 희생정신이 있어서)와 같은 답변이 도출되어 학습목표를 이룰 수 있게 돕는 질문이다.

추가적 질문은 앞서 행해진 여러 질문들에 이어서 보다 심층적인 내용을 대상으로 하는 할 수 있는 질문으로서 아이들의 이해범위나 이해도를 추적하고, 다양한 시각을 만들어주는 질문이다. 특히 추가적 질문은 아이들이 답변한 내용에서 추가적으로 질문을 던져 보다 내용을 심화시켜나갈 수 있다. 가령 『심청전』을 토대로 한 추가적 질문은 "심청이는 왜 인당수에 몸을 던졌을까?"라는 질문에 대해 "그 이유는 아버지의 눈을 뜨게 하려고 했기 때문이예요."라는 토론자의 답변이 있다면 보다 구체화하고 심화시키기 위해 "그렇다면 아버지의 눈을 뜨게 하는 것과 인당수에 몸을 던지는 것과는 어떤 관련이 있나요?"라고 추가적으로 하는 질문이다.

경험적 질문은 책 속에 있는 내용과 관련한 독자의 경험이나 배경지식을 대상으로 물어볼 때 쓸 수 있는 질문이다. 수업에 집중도를 높이고, 자신감을 불어넣을 수 있는 질문이 되어야 하며, 자연스럽게 책의 내용으로 연결시킬 수 있는 질문이 되어야 한다. "주인공처럼 해본 경험이 있나요?", "~에 대해 알고 있는 것이 있나요?"와 같이 책의 등장인물과 관련한 경험이나 지식을 물어보는 질문이다. 『심청전』을 토대로 하여 만든 경험적 질문은 가령 "여러분도 심청이처럼 부모님께 효도를 한 적이 있나요?", "심봉사와 같이 시각장애인을 본 적이 있나요?", "보았다면 그 때 느낌은 어떠했나요?" 등이다.

관계적 질문은 책 속에 등장하는 인물이나 사건, 배경 등의 관계를 대상으로 물어보는 질문이다. 『심청전』을 토대로 하여 만든 관계적 질문은 가령 "심청이가 인당수에 몸을 던지는 행동과 심봉사가 눈을 뜨게 된 것은 관련성이 존재하는가?", "옥황상제와 용왕은 어떤 관계인가?"와 같은 질문이다.

감각적 질문은 책 속의 내용에 대해 오감을 대상으로 한 질문이다. 느낌이나 분위기를 확인할 때 물어볼 수 있는 질문이다. 『심청전』을 토대로 하여 만든 감각적 질문은 가령 "심청이가 인당수에 몸을 던질 때 느낌은 어떠했을까?", "심봉사가 덥석 공양미삼백석을 바치겠다고 약속한 후에 느낌은 어떠했나?" 등과 같은 질문이다.

수용적 질문은 독자의 수용적 측면을 대상으로 하는 질문이다. 책의 내용을 어떻게 생각하는지, 어떻게 받아들이는지와 같이 독자의 이해나 인식을 주요 목적으로 한 질문이며, 의견을 물어볼 수 있는 질문이다. 『심청전』을 토대로 하여 만든 수용적 질문은 가령 "심청이가 인당수에 몸을 던지는 것에 대해 어떻게 생각하나요?", "심봉사의 성격에 대해 어떻게 생각하나요?" 등이다.

과정적 질문은 책 속의 사건이나 스토리의 흐름이나 과정을 대상으로 한 질문유형이다. 『심청전』을 토대로 하여 만든 과정적 질문은 가령 "심청이는 어머니가 돌아가시고 나서 어떤 과정을 통해 성장할 수 있었는가?", "심청이는 어떤 과정을 통해 한나라의 왕비가 될 수 있었나? 등의 질문이 가능하다.

표현적 질문은 책 속의 문장이나 글의 표현을 대상으로 한 질문유형이다. 『심청전』을 토대로 하여 만든 표현적 질문은 가령 "젖동냥의 의미는 무엇인가?", "공양미삼백석의 의미는 무엇이며, 왜 하필 삼백석이라는 단위를 사용하였는가?" 등이다.

근거적 질문은 토론수업에서도 많이 활용하는 질문으로 학생이 생각하는 내용이나 답변 혹은 질문 자체의 근거를 물어보는 질문이다. "그것을 어떻게 알게 되었습니까?", "그와 같은 주장의 근거가 되는 자료는 무엇입니까?"와 같은 질문이며, 『심청전』을 토대로 하여 만든 근거적 질문은 가령 "심청이가 인당수에 몸을 던지게 된 근거는 무엇인가?", "심봉사가 눈을 뜨게 된 근거는 무엇인가?" 등의 질문이 가능하다.

문제해결적 질문은 책 속의 사건이나 갈등을 해결할 수 있는 방법을 대상으로 한 질문유형이다. 『심청전』을 토대로 하여 만든 문제해결적 질문은 가령 "심청이가 공양미 삼백석을 얻기 위한 방법은 인당수에 몸을 던지는 극단적인 방법외에 다른 해결방법은 없나요?", "여러분이라면 어떤 해결방법이 있나요?" 등이다.

인과적 질문은 책 속의 사건이나 스토리에서의 원인과 결과를 대상으로 한 질문유형이다. 이러한 질문을 통해 보다 명확한 답변을 얻게 하며, 결과에 따른 원인을 찾고 분석하게 함으로써 문제해결력을 키울 수 있다. 『심청전』을 토대로 하여 만든 인과적 질문은 가령 "심청이가 왕비가 된 원인은 무엇인가?", "심봉사가 눈을 뜨게 된 원인은 무엇인가?", "심청이의 효심으로 인해 얻어진 결과는 무엇인가?" 등의 질문이 가능하다.

함축적 질문은 책 속의 문장이나 글의 내용을 요약 혹은 종합을 대상으로 한 질문유형이다. 『심청전』을 토대로 하여 만든 함축적 질문은 가령 "이 책의 요점은 무엇인가?", "이 책에서 가장 중요한 단어나 개념은 무엇인가?", "심청전의 주제는 무엇인가?" 등이다.

3) 사고와 관련한 질문유형

단순히 인지기억적이며 수렴적 사고와 연관하는 '폐쇄적 질문'과 확산적이고 평가적인 질문과 관련한 '개방적 질문'으로 나눌 수 있다.

폐쇄적 질문이란 '언제', '어디서', '누가', '무엇을'과 같이 질문에 대한 답변이 하나가 나오는 질문을 말한다. 사고의 확장보다는 책의 지문이나 자료의 이해를 확고한 인지의 측면에 도움을 줄 수 있는 질문이다. 바로거기에 질문이나 사실적 질문과 비슷한 성격을 갖는다.

개방적 질문이란 아이들의 사고를 확장시키고 가치관 형성에 영향을 줄 수 있는 질문으로서 흔히 '어떻게', '왜'와 같은 질문을 활용하여 단답이 아닌 복수의 답을 요구하여 다양한 사고와 창의적, 독창적 사고를 형성하는 데에 도움이 되는 질문이다. 따라서 독서토론시에 이와 같은 폐쇄적 질문과 개방적 질문을 적절하게 활용하여 다양한 사고능력을 성장시켜나가도록 해야한다.

　이상과 같이 대상에 따른 질문유형에 대해 심청전을 토대로 하여 살펴보았다. 이 같은 질문유형을 활용하여 다음의 탈무드에 나온 짧은 이야기를 읽고, 읽은 내용을 질문으로 만든 후 2인 1조가 되어 자신이 만든 질문을 상대방에게 던져보자. 그리고 그 답변에 대해 동의하거나 혹은 차이가 있으면 자신의 의견과 상대방의 의견에 대해 차이점과 다른 점에 대해 논쟁을 벌이는 훈련을 해보자.

1) 다음의 글을 읽고 질문을 만드시오.(15개 이상)

> 　쇠가 세상에 처음 등장했을 때, 모든 나무들은 두려움에 떨었다. 그러자 하나님께서 나무들에게 말씀하셨다. "근심할 것 없도다. 쇠는 너희들이 손잡이를 제공해 주지 않는 한 결코 너희들을 해칠 수 없느니라." - 탈무드 중에서

• 질문의 예)

1. 왜 철이라고 표현하지 않고 쇠라고 표현했을까?
2. 쇠는 어떻게 세상에 처음 등장했을까?
3.
4.
5.
6.
7.
8.
9.
10.
11.
12.
13.
14.
15.

CHAPTER

06

독서토론 교안작성

1. 교안이란?

교안의 사전적 의미는 학습 지도안, 즉 교과 지도를 위한 계획을 교사가 미리 짜 놓은 안을 말한다. 독서를 매개로 한 다양한 독서활동(독서토론 포함)도 교육활동이므로 교사가 학습 지도안인 교안을 만들어 이를 바탕으로 수업이 이루어져야 한다. 수업을 보다 효율적 이며 효과적, 체계적으로 진행할 수 있도록 도와주기 때문에 교사가 소홀히 해서는 안 되는 부분이다.

교안을 작성할 때 반드시 주의해야 사항은 다음과 같다.

① 구체적이고 분명하게 수업내용을 교안에 담아야 한다. 수업대상, 목표, 활동내용, 시 간 등 구체적인 내용을 담고 있어야 원하는 수업을 진행할 수 있게 된다.

② 수업을 염두에 둔 실효성 있는 수업내용을 교안에 담아야 한다. 교안이 교안에 머물 러서는 안되며 수업을 전제로 한 교안이 되기 때문에 누구든 이 교안을 갖고 수업할 수 있도록 만들어야 한다.

③ 논리성을 갖고 교안을 작성해야 한다. 주먹구구식으로 교안을 작성하는 것이 아니라

순서나 단계에 맞게 적절한 내용이 배치되도록 해야 하며, 가급적 교안양식을 만들어 이에 따라 만들어가는 것이 효율적인 교안작성이라 할 것이다.

교안은 다음과 같이 도입단계, 전개단계, 정리단계로 나눌 수 있다.

① 도입단계에는 학습자와 교사간에 공통된 기반을 형성하는 단계로서 수업내용에 대한 주의와 관심을 끌도록 배려해야 하며, 수업에 대한 동기를 부여하고, 편안하게 마음을 열고 공유할 수 있도록 하며, 수업내용과 관련한 배경지식을 환기시키는 단계가 되어야 한다.

② 전개단계에는 본격적으로 주요 수업지도내용이 다루어져야 하며, 학습자가 자신의 이성을 통해 지도내용을 이해하고 인식할 수 있도록 배려해야 하며, 교사는 이러한 활동을 촉진할 수 있도록 적절한 질문과 설명, 참고자료를 활용해야 한다.

③ 정리단계는 말 그대로 수업한 내용을 학습자의 것으로 만들어갈 수 있도록 다양한 방법으로 정리할 수 있게 도와주어야 한다. 특히 수업한 내용을 글로 요약하거나 새롭게 알게 된 것이나 중요한 것을 간단히 메모할 수 있도록 하는 것이 좋다.

2. 독서토론과 발문

발문이란 교사에 의해 이루어지는 것으로 교사가 알고 있는 내용을 그대로 설명하거나 주입하기 보다는 학습자의 사고를 자극, 유발하여 새로운 추구나 발견 또는 상상의 확대를 가져오고 발전시켜 나가기 위해서 교사가 직접 유용한 질문을 만들어서 사용하는 제반 활동을 의미한다. 이러한 발문에 의해 학습자가 인식하지 못했던 것들에 대해 문제의식을 갖도록 돕거나 사고활동을 이끄는 것, 또는 표현이나 활동을 유발하도록 하며, 특히 교사의 발문활동을 통해 학습자가 교사와 같이 질문을 스스로 만들어 활용하여 자신의 지적호기심을 충족해나갈 수 있도록 하는데 그 목적이 있다. 발문은 치밀하게 계획된 의도적 질문이며, 교육적 관점에서 볼 때 답을 알면서도 학습자의 사고를 확산시키기 위해 만든 질문이며, 방송이나 신문에서 취재를 위한 발문은 시의적절하며, 국민이나 알 권리를 가진 사람들이 가장 원하는 답변이 나올 수 있도록 예리하고 정확하며, 정련된 질문을 말한다. 따라서 발문은 매우 교육적인 측면이 강하거나 원하는 답을 얻기 위한 의도되어진 질문으로 교육, 방송 등 다양한 현장에서 많이 사용된다.

발문을 하기 위한 원리로는 첫째, 한번에 한가지의 내용을 담은 질문이어야 한다. 한 질문에 여러 가지의 내용을 담으면 답변하기가 쉽지 않으며, 효과적인 답변이 도출되기 어렵기 때문이다. 둘째, 구체적인 내용의 질문이어야 한다. 구체적이지 않으면 보다 심화된 답변을 요구하기 어려우며, 개념적이고 추상적인 답변이 나올 수 있게 되기 때문이다. 셋째, 발문의 목적을 이루기 위해서는 적합한 순서대로 다양한 유형의 질문을 활용하여 답변할 수 있도록 하여야한다. 책에서 주는 주제를 도출하거나 답변자의 사고를 확장하도록 할 수 있어야한다.

효과적인 발문을 위한 전략으로서는 답변자가 쉽게 답변을 하고 자신감을 갖도록 궁금 증을 유발하는 발문이 되어야 하며, 발문 대상을 다변화하여 사고를 촉진하고 심화시켜야 하며, 교사는 답변자가 발문에 대해 반응하고 적절한 답변이 나올 수 있도록 유도해야 하며 결국 이러한 발문활동이 답변자 스스로 만들어갈 수 있도록 모델이 되어야한다.

독서라는 행위를 매개로 해서 이루어지는 발문은 곧 독서토론과 연결된다. 특히 양서를 탐구하고 분석하는 독서토의에서 이러한 발문은 매우 유용하게 활용될 수 있으며, 또한 찬반양론토론인 독서토론에서도 입론에 대한 교차 조사가 질문을 통해서 진행되므로 발문 과 독서토론은 매우 밀접한 관계에 있다고 해도 과언은 아니다.

3. 독서토론을 기초로 한 교안 작성

실제적으로 책을 선정하여 읽고 이를 활용하여 독서토론 수업을 하기 위해서는 다음과 같은 독서토론 교안을 작성하는 것이 담당교사가 우선적으로 해야 할 활동이다. 특히 5장에서 살펴본 다양한 질문의 종류와 유형을 최대한 활용해서 교사가 발문하고, 또한 학생들이 스스로 궁금한 내용을 질문하고 그 답을 만들어가는 그런 활동은 결국 자기질문 전략과도 연결되며 지적 호기심을 최대한 이끌어줄 수 있는 매우 유용한 활동이다. 그럼 다음의 독서토론 교안 작성양식을 토대로 독서토론을 위한 수업을 위해 필요한 내용들에 대해 살펴본다.

1) 독서토의를 위한 교안 작성

수업대상	(도서내용에 맞는 수업대상을 선정)	도서명	(수업할 도서선정 및 도서명 기재)
수업목표	(주제를 선정하고 무엇을 학생들과 함께 나눌 것인가를 생각하고 정리하여 기재)	준비물	(활동과 관련한 준비물 내역기재)
수업주요 활동단계	주요 활동	시간(분)	비고
도입단계	• 책 소개, 작가 소개, 독서 퀴즈, 인물·사건·배경소개, 주요 어휘 소개 등의 활동 및 경험적 질문을 활용한 발문 및 토의, 토론		- 수업내용에 대한 주의와 관심을 끌도록 배려 - 수업에 대한 동기를 부여 - 편안하게 마음을 열고 공유할 수 있도록 하는 활동 - 수업내용과 관련한 배경지식을 환기
전개단계	• 발문을 통한 독서토의, 토론 • 학습자 스스로 질문만들기 활동과 토의, 토론 • 핵심적 질문을 통한 토의, 토론과 학습주제파악		- 주요 수업지도내용이 다루어져야 함. - 질문과 대답, 발문과 자기질문 전략을 적절히 사용할 수 있도록 지도. - 교사는 사회자로서 적절한 추가적 질문과 참고자료 등을 활용

정리단계	• 토의한 내용을 요약하거나 정리할 수 있는 활동(주인공에게 편지쓰기, 독서감상문쓰기, 자신의 주장을 담은 주장문쓰기, 내용을 요약, 정리할 수 있는 마인드맵 만들기 등)		- 수업한 내용을 학습자의 것으로 만들어갈 수 있도록 다양한 방법으로 정리할 수 있게 지도. - 수업한 내용을 글로 요약하거나 새롭게 알게 된 것이나 중요한 것을 간단히 메모할 수 있도록 지도.
평가	• 학습목표에 맞게 활동했는지 학습자의 상황을 평가항목에 근거하여 평가		- 평가표 작성

① 수업대상을 선정한다. 먼저 누구를 대상으로 몇 명의 인원으로 수업을 할 것인지를 선정해야한다. (예) 초등학교 0학년 00명을 대상으로 한다)

② 수업대상이 선정되었으면 도서 선정의 원칙에 의거 독서토론에 적합한 도서를 선정한다.

③ 수업목표를 세운다. 선정한 도서의 내용적인 주제를 무엇으로 할 것인가를 정하여 목표를 세우며, 독서수업을 통해 이루어지는 궁극적 목적을 정해야한다. 이 목표가 세워지면 세부적인 활동들이 이 목표를 중심으로 진행되게 된다.

④ 준비물을 고려한다. 도서나 활동지, 필기구와 같이 기본적인 것 외에도 수업활동에 필요한 준비물이 있는지를 잘 살펴보고 준비한다.

⑤ 수업주요활동을 정하고 각 활동에 맞는 시간을 배분해야한다. 시간을 배분하지 않으면 원하는 시간에 끝내기가 어렵고 비효율적인 수업이 되므로 반드시 시간을 정해놓고 진행하는 것이 좋다. 수업의 주요활동은 도입단계, 전개단계, 정리단계로 이루어지며 평가는 수업후 교사가 학습자별 평가항목을 만들어 정리한다.

⑥ 도입단계에는 읽을 책에 대한 기본 논점이나 개념을 앞서 안내하거나 특정주제에 대해 학생들의 배경지식이나 사전경험을 묻는 활동, 제목이나 표지를 보면서 내용을 예측하는 등의 활동이 여기에 속하며, KWL표와 같이 학생들이 글을 읽기 전에 특정 화제에 대해 알고 있는 것, 알고 싶은 것이 무엇인지 확인할 수 있도록 간단한 틀을 제공해주며, 다음 상황을 예측할 수 있는 질문을 통해 독서를 하는 중에 내용에 대한 이해를 돕도록 하여야한다. 특히 인물과 관련한 성격분석, 행동비교 등을 통해 독

서중에 보다 효과적인 활동을 도울 수 있다.

⑦ 전개단계에는 본격적으로 교사가 발문한 질문과 더불어 학습자 스스로 발문하고 답변할 수 있도록 자기질문 전략을 적절하게 활용해서 책의 내용을 객관적이고 분석적으로 이해할 수 있도록 도와야 하며, 아울러 자신만의 생각이나 비판적이고 창의적인 사고를 제고할 수 있도록 토의활동이 이루어져야 한다. 또한 토론 논제를 선정하여 다음 차시에 독서토론활동으로 연결될 수 있도록 하는 것이 좋다.

⑧ 정리단계에는 토론논제를 간단히 글로 적게 하거나 토의를 통한 생각들을 다양한 글쓰기 활동으로 연결시켜 생각을 정리할 수 있도록 돕는 단계로서, 주인공에게 자신의 생각을 담은 편지쓰기나 독서감상문, 문제점과 해결방안에 대한 논술문작성, 마인드맵을 이용한 책의 내용 정리 등 다양한 활동을 들 수 있다.

⑨ 활동이 모두 끝나면 평가를 한다. 수업에 참여한 학습자들의 상황을 평가기준에 맞추어 평가하고 장단점과 발달현황, 문제점 등을 정리한다. 평가기준은 교사가 원하는 평가항목을 체크리스트 형식으로 준비하여 각 학습자별로 준비하여 체크하거나 글로 간단히 기입하는 것이 좋다.

⑩ 독서토의 활동을 위한 활동지를 활용하는 것을 권한다. 교안이 만들어지면 이를 바탕으로 활동지를 만들어 책을 읽고 온 아이들에게 나누어 주어 토론활동에 들어가는 것이 좋다. 활동지의 장점은 글쓰기 종이나 스케치북 등 별도의 준비물을 준비하지 않아도 되고 시간의 배분이 적절하며, 발문이나 글쓰기 주제 등을 적어놓았기 때문에 그것에 맞게 활용할 수 있고, 후에 이 활동지는 파일로 보관함으로써 독서이력철로 활용할 수 있다.

2) 독서토론(CEDA토론을 중심으로)을 위한 교안 작성

수업대상	(도서 및 논제에 맞는 수업대상을 선정하며, 인원은 긍정, 부정 측 각 2명으로 선발)	도서명	(토론에 필요한 도서명 기재)
수업목표	(학습목표를 정하고 이와 관련한 논제를 선정하고 기재)	준비물	(활동과 관련한 준비물 내역기재)
수업주요 활동단계	주요 활동	시간(분)	비고
도입단계	• 사회자가 토론자들에게 논제와 쟁점 등과 관련한 사항을 전달하며, 긍정과 부정 측 각 토론자를 소개하고, 토론에 대한 규칙이나 전개방식에 대해 소개		- 토론방식에 대해 설명 - 토론전개단계에서의 규칙과 평가항목에 대해 설명
전개단계	• 입론과 교차조사를 통한 토론		- 사회자가 시간을 적절하게 지킬 수 있도록 리드 - 논제나 쟁점 외의 토론으로 흐를 때에 적절하게 차단
정리단계	• 작전 타임 및 최종변론을 통해 긍정 및 부정 측의 입장을 정리하여 발표		- 작전타임을 적절히 활용하도록 지도 - 최종변론을 통해 각 측의 최종입장을 잘 정리할 수 있도록 지도
평가	• 평가항목에 따라 평가		- 평가표 작성

① 독서토론수업의 대상을 선정한다. 긍정 측 2명, 부정 측 2명을 선발하며, 나머지 학생들은 참관토록 배려한다.

② 수업대상이 선정되었으면 논제를 선정한다. 이미 독서토의과정에서 논제를 선정한 경우 그 논제로 정하면 되며, 바로 토론수업으로 진행된다면 논제와 관련한 적절한 도서를 선정해서 토론자들에게 읽고 그것을 논거로 활용할 수 있도록 지도한다.

③ 독서토의수업과 마찬가지로 수업목표를 세운다. 선정한 도서 및 논제를 통해 이루어지는 궁극적 학습목표를 정해야한다.

④ 준비물을 고려한다. 책상 배열, 스톱워치, 토론순서도 등 토론수업활동에 필요한 준비물을 잘 살펴보고 준비해야 한다.

⑤ 토론단계에 맞는 시간을 배분해야한다. 정해진 시간을 초과하지 않도록 교사는 사회자로서의 역할을 해야 한다.

⑥ 사회자는 각 단계별로 적절하게 개입하되 흐름을 깨트리거나 자신의 의견이나 생각을 주장해서는 안 되며 어느 한쪽으로 치우지지 않도록 배려해야 한다.

⑦ 활동이 모두 끝나면 평가를 한다. 평가항목에 따라 평가하되 교사뿐만 아니라 참관한 학생들에게도 평가를 할 수 있도록 해서 보다 객관적인 평가가 이루어질 수 있도록 평가표를 준비해서 진행한다.

⑧ 독서토론의 경우에는 특별히 활동지를 만들지 않아도 된다. 다만 각 팀별 자료를 준비하게 하거나 메모가 가능한 노트나 종이를 활용할 수 있도록 해서 자신의 주장이나 다른 팀의 토론자가 질문하거나 주장한 내용을 적을 수 있도록 해야 한다.

4. 독서토론 교안작성의 실제

1) 독서토의를 위한 교안 작성사례

수업대상	중학교 1학년 3명	도서명	아빠에게 돌 던지는 아이(고정욱 글 / 중앙출판사)
수업목표	1. 장애인에 대한 차별과 편견에 대해 생각해본다. 2. 이기심을 버리고 배려과 사랑을 느낄 수 있도록 생각해본다.	준비물	활동지, 도서, 필기도구 등
수업주요 활동단계	주요 활동	시간(분) 60분	비고
도입단계	• 책과 작가에 대한 소개 • 역할극을 통한 주인공의 심정 이해 • 경험적 질문을 활용한 발문 및 토의, 토론	10분	

	1. 여러분도 청각장애인을 본 적이 있나요?		
	2. 여러분도 돌을 던져본 적이 있나요?		
전개단계	• 발문을 통한 독서토의, 토론 1. 행문리 마을사람들은 왜 철우네가 오는 것을 탐탁치 않게 생각했나요? 2. 철우는 왜 아빠에게 돌을 던졌나요? 3. 철우는 왜 돌 던지는 연습을 하였나요? 4. 자신의 돌팔매로 새가 죽자 왜 철우는 충격을 받았나요? 5. 아빠는 왜 쓰러지셨나요? 6. 아이들은 왜 철우를 왕따시켰나요? 7. 선생님은 왜 할아버지가 공을 치도록 했나요? • 학습자 스스로 질문만들기 활동과 토의, 토론 • 핵심적 질문을 통한 토의, 토론과 학습주제파악 1. 흰머리 할아버지는 왜 철우네 가족을 마을에서 쫓아내지 않았나요?	35분	
정리단계	• 토의, 토론한 내용을 요약하거나 정리할 수 있는 활동 1. 장애인이라고 마을에서 내쫓으려고 한 마을사람들에게 해주고 싶은 말을 생각해보고 글로 써보세요.	15분	
평가	• 학습목표에 맞게 활동했는지 학습자의 상황을 평가항목에 근거하여 평가		- 평가표 준비

2) 독서토론(CEDA토론을 중심으로)을 위한 교안 작성사례

수업대상	중학교 2학년 4명(긍정 측 2명, 부정 측 2명)	도서명	마지막 왕자 (강숙인 글 / 푸른책들)
수업목표	논제 : 경순왕이 신라를 고려에게 넘긴 것은 옳은가? 1. 신라시대의 역사에 대해 생각해본다. 2. 경순왕의 입장과 마의태자의 입장을 생각해본다. 3. 토론을 통한 지식배양과 논리적 사고 및 비판의 식을 키운다.	준비물	자료 및 메모지, 스톱워치, 벨, 토론순서도 등
수업주요 활동단계	주요 활동	시간(분) 71분	비고
도입단계	• 사회자가 토론자들에게 논제와 쟁점 등과 관련한 사항을 전달하며, 긍정과 부정측 각 토론자를 소개하고, 토론에 대한 규칙이나 전개방식 등에 대해 소개 1. 지금부터 독서토론을 시작하겠습니다. 2. 이번 토론의 주제는 '경순왕이 신라를 고려에게 넘긴 것은 옳은가?'입니다. 3. 토론진행은 긍정 측 첫 번째 토론자의 입론 및 부정 측 두 번째 토론자의 교차조사, 부정 측 첫 번째 토론자의 입론 및 긍정 측 두 번째 토론자의 교차조사, 긍정 측 두 번째 토론자의 입론 및 부정 측 첫 번째 토론자의 교차조사, 부정 측 두 번째 토론자의 입론 및 긍정 측 첫 번째 토론자의 교차조사, 그리고 부정 측 첫 번째 토론자의 반박, 긍정 측 첫 번째 토론자의 반박, 부정 측 두 번째 토론자의 반박, 긍정 측 두 번째 토론자의 반박 순서로 진행됩니다. 4. 긍정 측 토론자와 부정 측 토론자 각각 소개해 주시기 바랍니다. 5. 그럼 긍정 측 첫 번째 토론자의 입론으로 시작하겠습니다. 정해진 시간을 지켜주시기 바랍니다.	5분	

전개단계	• 입론과 교차조사를 통한 토론		
	1. 긍정 측 첫 번째 토론자의 입론	3분	
	2. 부정 측 두 번째 토론자의 교차조사	6분	
	3. 부정 측 첫 번째 토론자의 입론	3분	
	4. 긍정 측 두 번째 토론자의 교차조사	6분	
	5. 긍정 측 두 번째 토론자의 입론	3분	
	6. 부정 측 첫 번째 토론자의 교차조사	6분	
	7. 부정 측 두 번째 토론자의 입론	3분	
	8. 긍정 측 첫 번째 토론자의 교차조사	6분	
정리단계	• 작전 타임 및 반박을 통해 긍정 및 부정측의 입장을 정리하여 발표		
	작전타임	10분	
	1. 부정 측 첫 번째 토론사의 반박	5분	
	2. 긍정 측 첫 번째 토론자의 반박	5분	
	3. 부정 측 두 번째 토론자의 반박	5분	
	4. 긍정 측 두 번째 토론자의 반박	5분	
평가	• 평가항목에 따라 평가		- 평가표 작성

1) 독서토론을 위한 도서를 선정한 후 다음 양식에 근거해서 독서토의나 독서토론용 교안을
   작성해 보시오.

수업대상		도서명	
수업목표		준비물	
수업주요 활동단계	주요 활동	시간(분)	비고
도입단계			
전개단계			
정리단계			
평가	• 학습목표에 맞게 활동했는지 학습자의 상황을 평가항목에 근거하여 평가		- 평가표 작성

독서토론과
논리·비판적 사고

　일반적인 독서토론 연수에 참석하거나 토론 책을 보면 토론의 필요성, 토론 형식, 논제의 종류와 좋은 논제의 특징, 발문법, 토론 도서 선정하기 내용 등과 같은 내용을 항상 접하게 된다. 물론 이와 같은 일반적 내용도 토론을 공부하는데 있어 매우 중요하다. 그러나 토론 책을 펼치면 항상 찾아볼 수 있는 일반적 내용만으로는 토론의 핵심을 정확하게 충족시킬 수 없다. 토론을 통해 생각의 힘을 키울 수 있다는 점에서 생각하는 방법인 토론에서 '논리적 사고'를 다루지 않는다면 자신이 알고 있는 배경지식을 늘어놓거나 말싸움으로 이어지기 쉬울 것이기 때문이다.

　특히 상대방의 논증을 주장과 논거로 분석해서 이해하는 '논리적 경청', 상대방의 논증을 평가해서 반박할 수 있는 '타당성 검토', '오류론'을 이해하지 못하면서 토론에서 경청(聽)이 중요하다고 강조한다면 공허할 수밖에 없다. 기본적이고 핵심적인 생각연습을 하지 않기 때문에 토론대회나 토론과정에서 상대방을 짓눌러 이겨야 한다며 승패에 집착하는 '차가운 토론'으로 변질되는 것이다. 이런 이유로 독서토론에서 왜 논리적 사고가 중요한지와 논리적 사고의 개념이 무엇인지 설명하는 '독서토론과 논리적 사고' 독서토론에서 상대방의 논증을 분석하고 논리적 경청 방법을 연습하는 '논리적 분석과 경청', 상대방의 논증을 반박하는 '독서토론과 논리적 오류'는 가장 논리적으로 생각하고 평가하고 판단할 수 있는 모듈을 제공한다는 점에서 반드시 다뤄져야 할 것이다.

1. 논리적 사고의 개념

'물리(物理)'가 물질들이 운동하고 작용하는 원리를 다루는 것처럼, '논리(論理)'라는 말은 '말의 이치'를 다루는 것이며 말로써 따질 때 따라야 할 이치를 다룬다. 또, '논리'에 해당되는 영어 'logic'도 역시 '말'을 뜻하는 그리스어 'logos'에서 유래한 것으로 알려지고 있다. 어원적으로 보면, 논리란 '말'에 관한 것이며, '말의 이치'를 따지는 것이다.

'논리적'이라는 것은 생각하고 말하고 따져 보고 탐구하고 논쟁하는 등등의 다양한 상황 하에서 요구되는 어떤 이치 또는 규칙을 지키고 있다는 뜻이다. 그렇다면 논리가 요구하는 이러한 이치 또는 규칙은 어떤 것들인가? 만일 누군가 '플라톤은 총각이다.'는 말에 동의했다면, 그는 '플라톤은 남자이다.'는 말에도 동의해야 한다.

'플라톤은 총각이다.'는 명제는 참일 수도 있고 거짓일 수도 있다. 그 명제가 참이 되기 위해서 지켜져야 하는 이치도 있을 것이다. 또, '플라톤이 총각'이라는 명제는 상황에 따라서 적합한 진술이 될 수도 있고 적합하지 않은 진술이 될 수도 있다. 그러므로 상황에 적합한 진술이 되기 위해서 지켜져야만 하는 이치도 생각할 수 있다. 논리가 요구하는 이치는 이런 많은 이치들 중 한 가지이다.

그러나 어쨌든 만일 내가 "플라톤은 총각이다."는 말에 동의한다면 나는 "플라톤은 남자이다."는 말에도 동의해야 한다. 또 "이봉주가 빨리 달리고 있다."고 인정한 사람은 "이봉주가 달리고 있다."는 것도 인정해야 하고, "지구는 둥글다."고 믿는 사람은 "지구는 네모다."를 믿어서는 안 된다. 이것이 바로 논리가 요구하는 말의 이치이다. 너무 당연한 얘기 아닌가? 아닌 게 아니라 논리란 아무리 높은 수준의 논리학에서도 이러한 시시한 이야기 일 수 있다. 이것이 바로 논리적 사고의 요점이다.

우리는 흔히 '논리적 사고'라는 말을 들으면 어떤 심오하고 통찰력 있는 사상적 업적을 이룩했던 위대한 사상가나 과학자를 떠올리거나, 실낱같은 단서를 포착해서 범인을 찾아내는 셜록 홈즈 같은 명탐정을 연상한다. 사실 이런 재주는 아무나 가질 수 없는 것이 아닌가? 그래서 논리적 사고라는 것이 뭔지는 몰라도 매우 어려운 것일 거라고 단정하는 경우가 많다. 그러나 논리적 사고란 보통 사람에 비해서 뛰어난 사고력이나 지능을 가진 사람들, 또는 많은 공부를 한 사람들이나 할 수 있는 어려운 것이 아니다. 논리적 사고는 조금만 노력하면 누구나 할 수 있다고 말하는 것도 정확하지 않다. 실제로 인간은 누구나 늘 논리적 사고를 하고 있다.

집에서 학교까지 30분이 걸리는데 1교시 시작 20분 전에 집에서 출발하는 경우에, 우리들 대부분은 불안과 초조감에 휩싸인다. 의식적으로 노력하지 않고도 '학교에 지각하게 될 것이다'라고 이미 추리해냈기 때문이다. 이 내용을 간단한 논증도로 구성해보자.

전제1 : 집에서 학교까지 30분이 걸린다.

전제2 : 1교시 시작 20분 전에 집에서 출발한다.

결론 : 학교에 지각할 것이다.

그런 추리는 우리가 전혀 하고 싶어 하지 않는데도 자동적으로 이루어진다. 물론, 그런 상황에서도 전혀 불안해하지 않는 친구들도 가끔 있다. 하지만 이런 친구들의 다른 점은 위와 같은 추리를 못한다는 데에 있는 것이 아니라 선생님께 꾸중 듣는 것을 대수롭지 않게 생각하는 데에 있다는 것을 우리는 잘 안다. 사람은 누구나 논리적 사고에 있어서 놀라운 능력을 가지고 있다. '놀라운 능력'이라는 표현은 결코 과장된 것이 아니다. 실제로 최근 인공 지능을 연구하는 학자들은 그런 사실을 절실히 경험하고 있다. 인간은 매우 논리적인 동물인 것이다.

논리가 말의 이치를 다루기는 하지만, 모든 말의 모든 이치를 다루는 것은 아니다. 우리는 아주 다양한 상황에서 다양한 목적을 가지고 말을 한다. 다양한 상황과 목적들의 차이를 우리는 너무나 잘 알아채기 때문에 보통은 의식하지도 않는다. 몇 주 만에 만난 그다지 친하지 않은 친구가 "그 동안 잘 지냈니?" 하고 묻는데, 자기가 그 동안 어떻게 지냈는지 미주알고주알 풀어놓는 사람이라면 사람 상대하는 직업은 포기하는 게 좋을 것이다.

마찬가지로 우리는 "주룩주룩 비가 내린다."고 말하는 연극배우에게 맑은 날씨인데 거짓말한다고 비난하지도 않으며, '통곡하는 바위'를 노래하는 시인에게 엉터리라고 말의 이치를 들이대지도 않는다. 논리적인 원칙이 요구되는 상황이란 언제나 진리주장 (truth-claim)이 제시되는 상황이다. 누가 무엇이 어떻다고 주장할 때에 비로소 논리적인 이치를 따질 여지가 생긴다는 말이다. 그러나 진리 주장만 가지고는 아직도 논리가 적용될 여지는 많지 않다. 아인슈타인이 '태양 근처에서 빛이 휠 것'이라고 주장했을 때, 바빠진 것은 천문학자와 물리학자들이었지 논리학자들이 아니었다. 논리적인 원칙이 적용되려면 진리주장이 있되 그 주장을 뒷받침하는 이유 또는 근거들도 함께 제시되어 있어야 한다. 이렇게 주장이 그것을 지지하는 근거들과 함께 제시되어 있는 말을 논증(argument)이라고 한다.

다음의 공식을 꼭 기억해 두자.

> • 논증 = 주장 + 근거들

예를 들어, 낡은 모자 하나를 발견한 셜록 홈즈와 왓슨 박사의 경우를 생각해 보자. 낡은 모자를 잠시 들여다보던 셜록 홈즈는 왓슨에게 '이 모자의 주인은 매우 똑똑한 사람일 것'이라고 말한다. 그리고 고개를 갸우뚱하는 왓슨에게 홈즈가 덧붙인 이유는 '머리가 크면 든 것도 많은 법'이라는 것이었다. 이런 장면쯤 되면 논리적인 이치를 따질만한 재료가 제공되어 있다. 홈즈는 왓슨에게 어떤 진리 주장을 내놓으면서 그러한 주장을 뒷받침하는 근거도 제시하고 있기 때문이다.

> 전제1 : 범인의 모자가 크므로 범인은 머리가 클 것이다.
>
> 전제2 : 머리가 크면 든 것이 많다.
>
> 결론 : 범인은 매우 똑똑한 사람일 것이다.

물론 전제2가 항상 참이 아니기 때문에 홈즈의 논증은 타당성이 부족하다. 그러나 전제와 결론의 구조의 논증적 형식을 가지고 추론하고 있다.

2. 논리적 사고의 구성요소

논리적인 사고를 하기 위해서는 다음 그림과 같이 생각하는 습관, 상대 논리의 구조화, 구체적인 생각, 타인에 대한 이해, 설득의 5가지 요소가 필요하다.

1) 생각하는 습관

논리적 사고에 있어서 가장 기본이 되는 것은 늘 생각하는 습관을 들이는 것이다. 생각할 문제는 우리 주변에 쉽게 찾아볼 수 있으며, 특정한 문제에 대해서만 생각하는 것이 아니라 일상적인 대화, 회사의 문서, 신문의 사설 등 어디서 어떤 것을 접하든지 늘 생각하는 습관을 들이는 것이 중요하다. "이것은 조금 이상하다", "이것은 재미있지만, 왜 재미있는지 알 수 없다"라는 의문이 들었다면, 계속해서 왜 그런지에 대해서 생각해보아야 한다. 특히 이런 생각은 출퇴근길, 등하교길, 화장실, 잠자리에 들기 전 등 언제 어디에서나 의문을 가지고 생각하는 습관을 들여야 한다.

2) 상대 논리의 구조화

예를 들어 자신이 제출한 기획안이 거부되었을 때, 자신이 추진하고 있는 프로젝트를 거부당했을 때, 자신의 의견이 받아들여지지 않거나 설득되지 않을 때 왜 그럴까, 왜 자신이 생각한 것처럼 되지 않을까, 만약 된다고 한다면 무엇이 부족한 것일까 하고 생각하기 쉽다. 그러나 이 때 자신의 논리로만 생각하면 독선에 빠지기 쉽다. 이때에는 상대의 논리를 구조화하는 것이 필요하다. 상대의 논리에서 약점을 찾고, 자신의 생각을 재구축하다면 분명히 다른 메시지를 전달할 수 있다. 자신의 주장이 받아들여지지 않는 원인 중에 상대 주장에 대한 이해가 부족하다고 하는 것이 있을 수 있다.

3) 구체적인 생각

상대가 말하는 것을 잘 알 수 없을 때에는 구체적으로 생각해 보아야 한다. 결과에 대한 구체적인 이미지를 떠올려 본다던가, 숫자를 적용하여 표현을 하는 방법을 활용하여 구체적인 이미지를 활용하는 것은 단숨에 논리를 이해할 수 있는 경우도 많다.

4) 타인에 대한 이해

상대의 주장에 반론을 제시할 때에는 상대 주장의 전부를 부정하지 않는 것이 좋다.

동시에 상대의 인격을 부정해서는 안된다. 예를 들어 "당신이 말하고 있는 것의 이 부분은 이유가 되지 못한다"고 하는 것은 주장의 부정이지만, "이런 이유를 설정한다면 당신의 주장은 애초에 쓸모없는 것이다"라고 말하는 것은 바람직하지 못하다. 반론을 하든 찬성을 하든 논의를 함으로써 이해가 깊어지거나 논점이 명확해지고 새로운 지식이 생기는 등 플러스 요인이 생기는 것이 바람직하다.

5) 설득

논리적인 사고는 고정된 견해를 낳는 것이 아니며, 더구나 자신의 사상을 강요하는 것도 아니다. 자신이 함께 일을 진행하는 상대와 의논하기도 하고 설득해 나가는 가운데 자신이 깨닫지 못했던 새로운 가치를 발견하고 생각해 낼 수가 있다. 또한 반대로 상대에게 반론을 하는 가운데 상대가 미처 깨닫지 못했던 중요한 포인트를 발견할 수 있다.

3. 논리적 사고 개발방법

논리적 사고를 개발하기 위한 방법은 여러 가지가 있으나, 그 중 가장 흔히 사용되는 방법은 '피라미드 구조를 이용하는 방법'과 'so what'기법의 두 가지가 있다. 피라미드 구조는 하위의 사실이나 현상부터 사고함으로써 상위의 주장을 만들어가는 방법으로, 다음 그림과 같이 표현할 수 있다.

1) 피라미드 구조화 방법

피라미드 구조는 보조 메시지들을 통해 주요 메인 메시지를 얻고, 다시 메인 메시지를 종합한 최종적인 정보를 도출해 내는 방법이다. 예를 들어 현재 제품 판매 업무를 맡고 있는 한 부서에서 발견할 수 있는 현상(보조 메시지)이 제품 A의 판매 부진(a), 고객들의 불만 건수 증가(b), 경쟁사의 제품 B의 매출 증가(c)가 발견되었다고 한다면, 메인메시지로 우리 회사의 제품 A에 대한 홍보가 부족하고, 고객의 만족도가 떨어지고 있다(1)라는 메인 메시지를 도출할 수 있을 것이다.

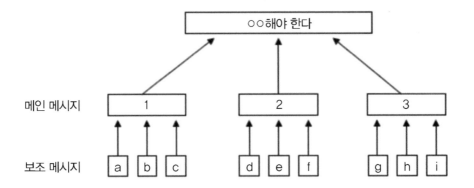

이러한 메인 메시지들을 모아서 최종적으로 결론을 도출하는 방법이 피라미드 구조이다. 이러한 피라미드 구조를 사용함으로써 주변 사람들과 논리적인 이해를 할 수 있다는 점이다.

2) so what 방법

"so what?"기법은 "그래서 무엇이지?"하고 자문자답하는 의미로, 눈앞에 있는 정보로부터 의미를 찾아내어, 가치 있는 정보를 이끌어 내는 사고이다. "so what?"은 단어나 체언만으로 표현하는 것이 아니라, 주어와 술어가 있는 글로 표현함으로써 "어떻게 될 것인가?", "어떻게 해야 한다"라는 내용이 포함되어야 한다.

4. 비판적 사고의 개념

비판적 사고란 우리가 주장을 받아들일지 거부할지 혹은 그것에 관한 판단을 유보할 것인지에 대해 조심스럽고 신중한 결정이다. 따라서 우리 삶에 있어서 비판적으로 생각하는 능력은 매우 중요하며 사실상 우리의 삶이 그것에 달려있다고 해도 과언이 아니다. 삶을 행하는 방식은 우리가 무엇을 믿는가에 달려있기 때문이다. 한 주장을 더 조심스럽게 평가할수록 또 그것에 관련되는 논제들을 그렇지 못한 것들로부터 더 잘 분리할 수 있도록 우리의 생각은 더 비판적으로 된다. 물론 비판적 사고는 진공 속에서 이루어지는 것은 아니다. 한 주장에 직면할 때, 일반적으로 사람들은 해당 논제에 관한 상당한 정보를 이미

가지고 있으며, 더 필요하다면 어디서 그것들을 찾을 수 있는지를 궁리해 낼 수 있다. 의사결정에 관련되는 정보를 가져올 수 있는 욕구와 능력을 갖는 것도 비판적 사고의 과정이다. 따라서 비판적 사고는 조심스럽게 듣고 읽는 능력, 논증을 평가하는 능력, 숨겨진 가정들을 찾아내는 능력, 그리고 주장의 귀결을 추적해내는 능력 등을 포함하는 많은 기술을 필요로 한다.

흔히 사람들은 비판적 사고를 부정적인 것으로 보는 경향이 있다. 비판적 사고를 부정적으로 보려는 경향은 어떤 특정 주제나 주장 등을 단순히 수동적이고 무비판적으로 받아들이기를 강요하는 분위기 때문이다. 비판적 사고는 어떤 주제나 주장 등에 대해서 적극적으로 분석하고 종합하며 평가하는 능동적인 사고이다. 이러한 비판적 사고는 어떤 논증, 추론, 증거, 가치를 표현한 사례를 타당한 것으로 수용할 것인가 아니면 불합리한 것으로 거절할 것인가에 대한 결정을 내릴 때 요구되는 사고력이다. 비판적 사고는 지엽적이고 시시콜콜한 문제를 트집잡고 물고 늘어지는 것이 아니라 문제의 핵심을 중요한 대상으로 한다. 비판적 사고는 제기된 주장에 어떤 오류나 잘못이 있는가를 찾아내기 위하여 지엽적인 부분을 확대하여 문제로 삼는 것이 아니라, 지식, 정보를 바탕으로 한 합당한 근거에 기초를 두고 현상을 분석하고 평가하는 사고이다.

5. 비판적 사고의 특성

첫째, 비판적 사고는 반성적 사고이다. 비판적 사고란 스스로 무슨 사고가 진행되고 있는지를 의식하면서 사고하는 것이다. 즉, 어떤 사고를 할 때 무엇을 사고하는지, 즉 어떤 문제에 대해 사고하고 있으며, 사고의 핵심개념은 무엇이고, 사고의 결론은 무엇인지, 이 결론은 무엇을 근거로 하였는지, 또 그 결론은 무엇을 함축하는지, 그리고 그렇게 사고를 하면서 기본적으로 깔고 있는 생각은 무엇인지, 그런 문제를 생각하게 된 배경 혹은 맥락은 무엇인지 등등을 반추하며 사고하는 것이다.

둘째, 비판적 사고는 문제 해결을 가진 적극적 사고이다. 부정적 사고와는 다르며 사고를 잘하기 위해서 자신의 사고를 반성하는 것, 최선의 행위를 결정하기 위해 옳은 것만을 믿기 위해 이루어지는 적극적 사고이다.

셋째, 비판적 사고는 추리적 사고로 이루어진다. 단선적이고 단편적인 사고가 아니라 연속적이며 이행적인 사고, 즉 추리적 사고로 이루어진다. 주어진 믿음이 과연 적절한 근거들을 지니는지 혹은 주어진 정보들로부터 올바로 도출해낼 수 있는 결론은 무엇인지 생각한다.

1) 독서토론에서 논리적 사고가 필요한 이유에 대해서 말해보시오.

2) 논리적 사고가 무엇인지 설명해보시오.

3) 논리적 사고를 개발하는 방법에 대해서 설명해보시오.

4) 비판적 사고의 의미와 특성에 대해서 설명해보시오.

CHAPTER
08

논리적 분석과 경청

1. 논리적 경청과 분석의 중요성

토론을 할 때 자신의 주장을 분명하게 논증하면서 밝히는 것은 물론 중요하지만 토론을 잘하기 위해서는 경청을 잘해야 한다. 많은 학생들이나 토론에 관심이 많은 사람들은 토론을 잘 하기를 원하지만 다른 사람의 말을 잘 듣는 것에는 큰 관심을 보이지 않는다. 왜냐하면 토론은 '말하기 과정'이지 '듣는 과정'이 아니라고 생각하기 때문이다. 그러나 잘 말하기 위해서는 잘 들어야 하며 이는 잘 듣지 않고는 잘 말할 수 없다는 것을 의미하기도 한다. 그것도 그냥 잘 듣는 것이 아니라 상대방의 논증을 주장과 근거로 논리적 구분을 해서 '논리적 경청'을 하는 태도는 상대방의 주장에 대한 입증과 반박을 하는데 있어 가장 필수적이다. 상대방의 주장과 근거를 이해하지 못한 상황에서 자신의 주장을 입증하거나 반박하는 것은 토론논증의 연계성과 정밀성을 떨어뜨릴 수밖에 없기 때문이다. 또한 논리적 경청과 분석이 선행되지 않는다면 자신의 배경지식이나 조사한 자료들을 나열하기 쉽고 상대방의 논증에 대한 밀접하고 정확한 토론을 할 수 없다. 상대방의 토론논증 분석에 익숙해져서 타당성을 검토하는 논리적 과정까지 심화시킬 수 있다면 상대방의 논증을 효과적으로 평가하고 반박할 수 있는 모듈을 갖추게 될 것이다.

2. 논리적 분석방법과 구체적 예

구체적인 예문의 예를 살펴보자.

예문 1

①모든 것은 변하며, 변하지 않는 경우라 할지라도 최소한 나의 감각은 계속 변한다. ②우주는 매순간 새로워지며, 우주 안의 사물들은 무한하다. ③따라서 사물에 이름을 붙인다는 것은 신중히 생각해야 하는 일이다. ④왜냐하면 하나의 흐름의 여러 측면일 뿐인 것에 각기 이름을 붙이면, 자칫 삶을 단편적인 것으로 보게 하며, 전체를 놓칠 염려가 있기 때문이다.

만약 상대방이 예문 1과 같은 논증과정을 통해 자신의 주장을 설득시키려 한다면 각 문장들을 우선 번호를 붙이고 몇 개의 근거가 있으며, 주장은 몇 번 문장이고, 근거들이 주장을 어떤 방식으로 지지하는지 그리고 지지정도가 타당한지를 따져보는 것은 상대방의 주장이 갖는 타당성을 검토하는 과정이다. 예문 1은 주장과 근거를 암시하는 연결접속사가 명확하기 때문에 분석하는데 큰 어려움이 없다. 예문 1은 사물과 이름붙이기에 관한 내용이고, 전체 문단의 주장은 ③이다. 그리고 ① ② ④ 모두 근거의 역할을 하고 있다. 예문 1을 논증적으로 분석해서 구조도를 그리면 다음과 같다.

① ② ④는 논거의 역할을 하고 있으며 서로 결합하지 않고 각각 독립적이고 병렬적으로 ③ 주장을 뒷받침하는 구조이다.

좀 더 복잡한 구조의 분석을 해보자.

> 예문 2
>
> ①세계를 지배하는 본질은 이성이 아니라 의지이다. ②이성은 인간 의식의 심층에 자리 잡고 있는 의지와 본능의 장식물에 불과하다. ③그러므로 육체나 감성을 마치 이성의 적대자인 것처럼 모멸하는 것은 오류이다. ④그 이유는 이성은 감성에 시중드는 하찮은 봉사자이기 때문이다. -F.니체

예문 2에서 다루는 주제는 이성과 감성의 관계이다. 주장은 ③번이고, 주장을 뒷받침하는 논거는 ①과 ④이다. 그런데 ②는 ①과 ④ 문장에 대해서 부연설명을 하고 있으므로 예문 2의 궁극주장인 ③의 논거가 아니다. 예문 2의 논증을 구조화하면 다음과 같다.

①+④ 란 의미는 ① 또는 ④ 각각으로는 ③을 근거시키지 못한다는 의미이고 ①과 ④가 결합되어야만 ③에 대한 근거역할을 한다는 것이다.

또 유사한 논리적 구조를 분석해보자.

> 예문 3
>
> ①부는 어떤 목적을 위한 경우 이외에는 추구되어서는 안 된다. ②왜냐하면 부가 그 자체만으로는 우리에게 어떤 선도 안겨주지 않으며, 다만 우리가 육체를 부양하거나 또는 그와 유사한 어떤 목적으로 사용될 때에만, 부가 선을 안겨주기 때문이다. 그런데 ③가장 고귀한 선은 그 자체를 위하여 추구되는 것이지 다른 목적을 위해 추구되는 것이 아니다. ④그러므로 부는 인간에게 있어서 최고의 선이 아니다.

위의 예에서 ②와 ①은 전체 논증 속에 포함된 '작은 논증' 또는 '하위논증'이고, ①은 하위논증에서 주장이고, ②는 논거이다. 그런데 전체 문단에서 ①은 ④에 대한 논거의 역할을 한다. 따라서 ①은 ③과 함께 ④를 최종적으로 뒷받침한다. 그럼 지금까지의 논증 분석을 구조화해보자.

$$② \rightarrow ① + ③$$
$$\downarrow$$
$$④$$

> 예문 4
>
> ①저기 보이는 행성은 목성이거나 금성이다. ②저렇게 밝게 보이는 행성은 그 두밖에 없으므로 그런데 저것이 금성일 수는 없다. ③금성은 태양과 매우 가까이에서만 관찰되기 때문에 이른 새벽이나 저녁 무렵에 태양근처에서만 관찰된다. ④따라서 저 행성은 목성이다.

위 제시문의 주장은 ④이고, 논거는 ①과 ③이다. 따라서 다음과 같이 분석될 수 있다.

$$① + ② \leftarrow ③$$
$$\downarrow$$
$$④$$

• 논리적 경청과 분석위한 팁(Tip)

① 주어진 글이 논증인지 아닌지 구분한다.

② 논증이라면 그 글의 주장에 해당하는 결론을 찾아낸다.

③ 논증에서 불필요한 문장들을 제거하고 근거들을 찾아낸다.

④ 근거와 결론의 관계를 따라 논증구조도를 작성한다.

1) 논리적 분석과 경청이 토론을 잘하기 위해서는 왜 중요한지 설명해보시오.

_____

_____

_____

_____

_____

_____

2) 다음 논증을 논리적으로 분석해서 구조도를 그리시오.

> 문제 1
>
> ①자연도태가 없다면 진화는 멈출 것이다. ②그런데 자연도태는 이제 인간에게는 적용되지 않는다. ③자연도태가 이루어지려면 강한 개체보다 훨씬 많은 수의 약한 개체들이 번식하기 전에 죽어야 하는데 현대의 의학은 약한 자들도 강한 자들에 못지않게 살아남고 또 번식할 수 있도록 만들어 놓았기 때문이다. ④따라서 인간은 더 이상 진화하지 않는다.

문제 2

①우리가 사용하는 그 무엇이든 모두 자연에서 온 것이다. ②그 때문에 우리가 물질적 풍요를 많이 누릴수록 그만큼 많은 자원이 많이 고갈된다. ③그런데 자원의 고갈은 바로 환경의 파괴로 이어지며, 그렇게 되면 인간은 더 이상 지구상에 존재할 수 없게 된다.

문제 3

①의사가 불치의 병에 걸린 환자에게 병명을 알려 주는 것은 의사의 도덕적 의무라고 생각된다. ②왜냐하면, 의사와 환자와의 관계는 마치 신부와 평신도, 변호사와 의뢰인의 관계처럼 상호 신뢰를 바탕으로 이루어진 관계이기 때문이다. ③더군다나, 이들의 관계가 도덕적 신뢰를 바탕으로 이루어지지 않는다면, 과연 이 세상에서 누구를 믿을 수 있겠는가? ④그러므로, 병원 당국은 의사의 도덕적 책임을 제도적으로 보장할 수 있는 장치를 마련해야 한다.

독서토론과
논리적 오류

1. 토론과 논리

토론의 목적은 상대방 의견의 가능성을 인정하면서 설득시키는 것이다. 그런데 이 때 꼭 필요한 것이 논리적 사고이다. '타당성' '오류' '반례'와 같은 개념을 기본적으로 이해하지 않고서는 상대방을 논리적으로 반박할 수 없고 자신의 주장을 효과적으로 논증할 수 없기 때문이다.

어떤 사람은 논리적 사고는 매우 어렵기 때문에 실제 토론에서 적용하기 어렵고 심지어 불필요하거나 거추장스러운 것이라고 말하기도 한다. 그러나 토론에 있어 논증과 반박과정이 핵심적이기 때문에 논리적 사고는 오히려 필수적이라고 할 수 있다. 자신의 주장이 타당하지 않거나 오류를 범하고 있다면 상대방을 설득시키는 일은 거의 불가능하며 논리적 사고를 바탕으로 하지 않는 토론은 자신의 배경지식을 나열하거나 억지로 자신의 주장을 강요하는 것에 그칠 수 있다는 점을 의미한다.

특히 오류에 대한 이해는 매우 중요하다. 오류를 알고 이해한다는 것은 자신의 논증과정에서 오류를 범하지 않는다는 소극적 의미도 있지만, 상대방의 논증과정에서 오류를 지적함으로써 효율적으로 반론할 수 있다는 적극적인 의미도 가지기 때문이다. 이런 점에서 모든 논리적 내용을 다 배울 수도 없고 배울 필요도 없지만 논증과 반박의 과정에 필요한 논리적 이해는 효과적인 토론교육에 있어서 큰 의미를 갖는다.

2. 오류의 개념과 종류

1) 오류의 개념

오류는 일상적으로 잘못된 생각이나 거짓된 믿음을 가리키는 말로 사용된다. 그러나 논리적으로 오류는 논증이나 추론 또는 추리과정에서의 잘못이나 실수를 가리키는 말로 사용된다. 즉 논리학에서는 오류란 '추리 또는 추론에 있어서의 오류'라는 보다 좁은 의미로 사용된다. 즉 오류란 일종의 타당하지 못한 추론을 의미한다.

2) 오류의 종류

오류의 종류는 우리가 생각하는 것 이상으로 많다. 또한 오류를 구분하는 기준도 단일하지 않다. 전제와 결론의 관계에 따라 오류를 구분하기도 하고, 형식적 오류와 비형식적 오류로 구분하기도 한다. 그러나 토론을 하거나 토론을 지도할 때는 자신의 주장을 논증할 때 자주 범하는 오류종류를 이해하고 실제 논증과 반박과정에 적용시키는 것만으로도 충분하다. 효율적인 토론하기 위해서 가장 많이 활용되는 오류의 종류를 살펴보자.

① 선결문제의 오류

선결문제의 오류는 '거지논법' 또는 '순환논증의 오류'라고 불린다. 논거를 임의로 가정하여 마치 자명한 진리와 같이 전제할 때 발생하는 오류이다. 즉 문제 자체를 전제로 삼아서 증명하려는 문제를 그대로 참이라고 가정하는데서 생기는 오류이다. 예를 들어보자.

> 예) 논리학은 필요하다. 그래서 학생들은 배워야 한다.

위 예에서 주장은 학생들은 논리학을 배워야 한다는 것이고, 근거는 논리학은 필요하기 때문이다. 그러나 논리학이 필요하다고 말하고 있을 뿐 왜 필요한지는 논증없이 임의로 전제되어 있다. 만일 논리학이 필요하다는 전제가 명확하지 않거나 상대방이 동의하지 않는다면 학생들이 논리학을 배워야 한다는 주장 역시 타당하지 않을 수 있다.

② 전건부정의 오류

조건적 진술에서 전건을 부정해서 후건을 부정하는 것으로 추론하는 오류가 '전건부정의 오류'이다. 구체적인 예를 들어보자.

> 예) 봄이 되면 꽃이 핀다. 봄이 되지 않았다. 그러므로 꽃이 피지 않았다.

위 예에서 '봄이 되면'은 '전건'이고, '꽃이 핀다'는 '후건'이다. 그리고 실제로 봄에 꽃이 핀다. 그러나 봄이 아니라고 해서 꽃이 피지 않는 것은 아니다. 왜냐하면 여름에 피는 꽃도 있고, 겨울에 피는 꽃도 있기 때문이다.

③ 후건긍정의 오류

후건긍정의 오류는 후건을 긍정하면 전건도 긍정된다고 판단하는 오류이다. 실제적인 예를 들어보자.

> 예) 비가 오면 땅이 젖는다. 땅이 젖는다. 그러므로 비가 온다.

'비가 오면'은 '전건'이고 '땅이 젖는다'는 '후건'이다. 그리고 비가 오면 땅이 젖는다. 그러나 땅이 젖었다고 해서 반드시 비가 온다고 말할 수 없다. 왜냐하면 누군가 물을 뿌린 것일 수 있기 때문이다.

④ 애매어의 오류

애매어의 오류는 하나 혹은 그 이상의 단어가 그 논증의 전제와 결론에서 두 가지의 상이한 의미로 사용되었을 때 일어난다. 특히 토론과정에서 상대방이 개념을 명확하게 정의 또는 사용하지 않거나 일관적으로 사용하지 않는 경우에 반박할 때 사용할 수 있다.

> 예) 모든 사람은 죄인이다. 모든 죄인은 감옥에 가야한다. 그러므로 모든 사람은
>   감옥에 간다.

첫 번째 문장에서의 죄인은 양심적이고 도덕적 의미의 죄인(sinner)이지만 두 번째 문장에서의 죄인은 법률적 의미의 죄인(criminal)이다. 따라서 죄인의 의미가 애매하게 되고 결론은 타당하지 않게 된다.

⑤ 결합의 오류

결합의 오류는 어떤 개체나 개별적인 사태들이 어떤 특성을 공유한다는 사실로부터 그것들로 이루어진 전체 대상이나 집단도 동일한 성질을 가질 것이라고 생각할 때 발생하는 오류이다. 예를 들어 보자.

> 예) 철수, 영희, 기영은 노래를 잘 부른다. 그러므로 그들이 속해있는 합창단은
> 화음이 아주 잘 맞고 우수한 합창반이다.

철수와 영희, 기영이 노래를 잘 부른다고 해도 그들의 합창단이 우수한 합창단이라고 하기 어렵다. 왜냐하면 각자의 노래실력뿐만 아니라 팀원들 간의 협력과 배려 등 다양한 요인이 작용하기 때문이다.

⑥ 분해의 오류

분해의 오류는 결합의 오류와 정반대이다. 분해의 오류는 전체의 속성을 부분들의 속성으로 잘못 적용시키는 데에서 일어나는 오류이다.

> 예) 김 교수는 우리나라에서 가장 좋은 대학의 물리학과 교수이므로 가장 훌륭한
> 물리학자임에 틀림없다.

위 예에서의 주장은 '김 교수는 가장 훌륭한 물리학자이다'이다. 그리고 근거는 '우리나라에서 가장 좋은 대학의 물리학과 교수이기 때문이다'이다. 그러나 가장 좋은 대학의 물리학과 교수라고 해서 교수 개인이 가장 훌륭하다고 단정할 수 없다.

⑦ 인신공격의 오류

인신공격의 오류는 어떤 주장이나 행위를 그 내용과 관련된 정당한 근거에서 비판한 것이 아니라 그 주장이나 행위를 하고 있는 사람이 어떤 인품이나 성격 또는 인종적 배경 등과 같은 개인적 특성을 가지고 있다는 이유로 그 주장이나 행위가 잘못된 것이라고 일축할 때 발생하는 오류이다.

> 예) 베이컨의 사상은 교훈적 가치가 없다. 왜냐하면 그의 사생활이 문란했기 때문이다.

베이컨의 사생활이 문란했다는 것은 도덕적 비난을 할 수 있지만 그렇기 때문에 그의 사상이 교훈적 가치를 갖지 않는다고 말하기 어렵다. 왜냐하면 그의 도덕성과 사상의 우수성은 관련이 없을 수 있기 때문이다.

⑧ 논점일탈의 오류

주어진 논점과는 다른 방향으로 주장하는 것을 말하는 오류이다. 논점을 벗어나게 되면 무엇을 논의하는지 모르는 상태에서 횡설수설하게 된다. 상대방의 논증이나 주장이 주어진 토론주제의 범위를 넘어서거나 연관성이 부족할 때 발생한다. 예를 들어보자.

> 예) 왜 당신은 끝까지 아들을 고집하십니까? 저도 딸을 사랑하지만 어쨌든 아들은 필요합니다. 사실 성차별이란 건 여자를 보호하기 위한 차별 아닙니까?

왜 아들을 고집하는지에 대한 논점에 대해서 논증하지 않고, 성차별에 대해서 언급하므로 주어진 논점 또는 주장논점에서 벗어나 있다.

⑨ 권위에 의지하는 논증

전통이나 권위에 대한 존경의 마음에 호소하여 논점을 이론적으로 전개하지 않고 오직 맹목적으로 믿고 따르게 하려는 오류이다. 그런데 이때 끌어들인 권위나 전통은 그 분야에 전문가의 권위가 아닌 부적합한 경우가 많다. 예를 들어보자.

> 예) 아인슈타인은 물리학에서 뛰어난 권위를 가지고 있다. 특히 그의 특수 상대성
> 이론과 일반 상대성이론은 20세기 물리학의 발전에 결정적인 역할을 했다.
> 우리는 아인슈타인의 상대성이론에 근거하여 문화와 도덕에 관해서도 논의
> 할 수 있다. 즉 어떠한 문화나 도덕도 올바르거나 그릇될 수 없다. 왜냐하면
> 상대성이론에 근거할 때, 어떠한 일도 절대적으로 올바르거나 절대적으로
> 그를 수 없기 때문이다.

위 제시문의 주장은 문화나 도덕적으로 상대성을 인정해야 한다는 것이다. 그런데 근거를 아인슈타인의 상대성이론을 제시하고 있다. 아인슈타인은 과학영역의 권위자이고 아인슈타인이 말하는 상대성이론과 문화상대적 태도는 다른 문제이므로 부적합한 권위에 호소하는 오류를 범하고 있다.

⑩ 힘에 의지하는 오류

논리적이거나 합리적인 증거나 논거가 부족함에도 불구하고 위압이나 힘으로 자신의 결론을 관철시킬 때 발생하는 오류이다. 예를 들어보자.

> 예) 당신은 이 주장에 찬성해야 한다. 그렇지 않으면 당신은 그에 따른 희생을
> 감수해야 할 것이다.

왜 이 주장에 찬성해야 하는지 근거를 제시하지 않고, 단지 주장에 찬성하지 않으면 희생을 감수해야 한다고 협박하고 있다.

⑪ 동정심에 호소하는 오류

어떤 결론이 감수성의 문제가 아니라 사실 문제인 경우에, 그 결론을 받아들이도록 하기 위해 연민이나 동정심을 논거로 삼을 때 범하는 오류이다. 예를 들어보자.

> 예) 당신은 내가 단지 집세를 내지 못한다고 해서 우리를 쫓아내면 안 됩니다. 우리가 갈 곳이라고는 아무 곳도 없어요. 나의 어린 자식을 거리로 내던져서는 안 됩니다. 그동안 같은 집에 살면서 정도 많이 들지 않았습니까? 제발 우리를 내쫓지 마십시오.

예문에서의 주장은 '우리를 쫓아내지 말라'이지만 근거를 '정이 많이 들었다' '나의 어린 자신들이 불쌍하다'를 들어 동정심 또는 연민에 호소하고 있다.

⑫ 군중에 대한 호소

'숫자에 대한 호소'라고도 하는데, 충분한 증거가 없는 결론에 대해 동의를 얻어내기 위해, '군중'이나 '청중'에게 호소할 때 범하는 오류이다.

> 예) 개혁은 비합법적일지라도 추진되어야 한다. 왜냐하면 국민들이 원하니까.

개혁을 추진해야 하는 이유를 국민들이 원하기 때문이라고 논증하고 있다. 그러나 아무리 국민이 원한다고 하더라도 개혁이 비합법적이라면 추진되어서는 안 된다. 그럼에도 불구하고 국민이라는 대중들의 정서와 숫자에 호소해서 자신의 주장을 설득시키려 하고 있다.

⑬ 우연의 오류

일반적이거나 본질적인 일반 규칙을 우연한 예외의 경우에도 잘못 적용하는데서 발생하는 오류이다. 쉽게 말하면 우연적인 상황을 인정하지 않는 오류이다. 구체적 예를 들어보자.

> 예) 어떤 친구가 정신이 말짱할 때 나에게 무기를 맡겼다. 그런데 나중에 맡긴 무기를 찾으러 왔을 때 보니 제정신이 아니었다. 일반적으로 남이 맡긴 물건을 주인에게 돌려주는 것이 좋다. 그러므로 미친 친구에게 살인무기를 돌려주는 것이 옳다.

일반적으로는 남이 맡긴 물건을 주인에게 돌려주는 것이 옳다. 그러나 제정신이 아닌 친구가 살인무기를 돌려달라고 하는 경우는 우연적이고 예외적인 경우인데 남이 맡긴 물건을 돌려 주어야 한다는 일반적 원칙을 적용하는 것은 오류이다. 돌려 줄 살인무기로 사람을 죽일 수도 있기 때문이다.

⑭ 거짓 원인의 오류

거짓 원인의 오류는 실제로는 존재하지 않는 인과관계를 설정해서 전제에서 결론을 도출할 때 저지르게 된다. 즉 어떤 두 사건은 전혀 인과관계가 없음에도 불구하고, 마치 두 사건이 어떤 인과관계가 있는 것처럼 잘못 추측하는 경우이다.

> 예) 기우제를 지내자마자 비가 오기 시작했다.

위 예시에서는 기우제를 지냈기 때문에 비가 오기 시작했다고 말하고 있다. 그러나 기우제를 지낸 것은 비가 오기 시작한 원인이라고 하기 어렵다. 기우제를 지낸 것과 비가 온 것의 인과관계를 갖는다고 하기 어렵다는 점에서 기우제를 지낸 것은 비가 오기 시작한 것의 거짓원인이라고 할 수 있다.

⑮ 무지에 대한 호소

무지에의 호소는 어떤 명제가 참임을 주장하는 근거로써 그것이 거짓임이 증명된 바가 없다는 사실을 들거나 반대로 어떤 명제가 거짓임을 주장하는 근거로써 그것이 참임이 증명된 바가 없다는 사실을 들 때 발생하는 오류이다. 예를 들어보자.

> 예) 이번에 새롭게 판매된 약은 안전하다. 왜냐하면 부작용이 아직 보고되지
> 않았기 때문이다.

부작용이 보고되지 않은 것과 부작용이 없이 안전한 것은 별개의 문제이다. 그런데 위 예에서는 부작용이 입증되지 않았기 때문에 부작용이 없고 따라서 새롭게 판매된 약은 안전하다고 말하는 오류를 범하고 있는 것이다.

⑯ 성급한 일반화의 오류

성급한 일반화의 오류는 사례들로부터 일반적인 사실을 도출하는 귀납적 일반화에서 잘못된 것이다. 소수의 예외적인 특수한 경우들만을 검토하고 그것들을 성급하게 일반화해서 규칙을 이끌어낼 때 범하는 오류이다.

> 예) 나는 모회사의 자동차는 사고 싶지 않다. 왜냐하면 그 회사의 차를 타는
> 몇 사람의 말을 들으니 엔진의 성능이 좋지 않다고 하기 때문이다.

모 회사의 차를 타는 몇 사람의 말을 통해 모 회사의 자동차의 품질을 일반화해서 평가하고 있다. 모 회사의 자동차를 타봤더니 엔진성능이 좋지 않다고 몇몇 사람들이 평가할 수 있지만 그렇다고 그 회사의 모든 자동차의 엔진성능이 좋지 않다고 일반화해서 단정적으로 말할 수는 없다.

이상과 같이 논리적 오류의 다양한 유형과 사례에 대해 살펴보았다. 이를 바탕으로 예문들이 어떤 논리적 오류를 범하고 있는지를 확인해보자.

1) 하버드의 생물학자 에드워드 윌슨은 개미들 전체의 무게가 육상 동물들 전체 무게의 10%라고 추산한다. 그러나 그런 추산은 믿기 어렵다. 그렇게 작은 개미들이 어떻게 그렇게 무거울 수가 있단 말인가?

2) 크리톤 : ...그러나 이보게 소크라테스, 자네가 내 충고를 듣고 탈출하기에 아직도 너무 늦은 것은 아닐세. 자네의 죽음은 나에게는 이중의 재난이 될 걸세. 자네가 죽는다면 나는 다른 어느 곳에서도 찾아낼 수 없을 친구를 잃게 될 뿐만 아니라, 자네와 나를 잘 알지 못하는 수많은 사람들은 내가 자네를 위해서 돈을 쓰려고 마음만 먹었다면 자네를 틀림없이 구할 수 있었을 테니 내가 자넬 죽인 셈이라고 생각할게 틀림없지 않은가? 친구보다 돈을 더 귀하게 여긴다는 평판을 듣기보다 더 경멸당할 일이 어디에 있겠나. 대부분의 사람들은 우리가 자네를 설득하려고 온갖 노력을 다했는데도 이곳을 떠나기를 거절한 것은 바로 자네 자신이었다는 것을 결코 믿으려고 하지 않을 것이네. —Plato, *Crito*

3) 자기 방어력이 없는 사람을 고의적으로 죽이는 것은 옳지 못하다. 안락사는 자기 방어력이 없는 사람을 고의적으로 죽이는 것이다. 따라서 안락사는 옳지 못하다.

4) 이 영화는 좋은 영화이다. 왜냐하면 많은 사람들이 그 영화를 봤으니까.

5) 중요한 시험에서 새 필기구를 사용했을 때마다 나는 시험을 망치곤 했다. 새 필기구는 나의 징크스이다. 그 때문에 나는 시험을 칠 때 절대 필기구를 바꾸지 않는다. 평소에 쓰던 것을 사용한다.

CHAPTER 10

독서토론과
유대인의 하브루타 토론

1. 학습방법으로서의 하브루타토론

2010년 우리나라에서 개최된 G20 폐막기자회견장에서 미국의 오바마대통령이 연설 후에 대한민국 기자들만을 위해 질문을 받기로 했는데 그 누구도 질문하지 않는 촌극이 벌어졌다. 결국 아무도 나서지 않자 우리나라 기자를 대신해서 중국기자가 질문을 던질 수밖에 없었던 헤프닝은 썩 유쾌하지 않은 기억으로 받아들여졌다. 이것은 기자들의 실력이 문제가 아니라 질문을 하지 않는 환경 속에서 성장하고 교육을 받았기 때문이다. 주입식, 암기식 교육환경에서 얼마만큼 정확한 답을 선택해서 좋은 점수를 받는가가 관건인 상황에서 질문과 토론은 그렇게 학부모나 교사에게 환영받지 못하고 있는 것이 사실이기 때문이다.

외국으로 유학을 간 많은 학생들이 공통적으로 어려움을 느낀 것이 바로 수업방식에서 오는 차이라고 지적한다. 그 이유는 미국이나 서양의 학교에서는 주어진 주제에 대해 스스로 찾고(읽고), 질문하고, 이해하고, 정리해서 발표하는 식의 교육방식이므로 조용히 앉아서 주어진 내용을 무조건 암기하거나 외워서 점수를 얻는 우리나라 교육방법과는 많은 차이가 있기 때문이다.

우리나라의 교육열도 세계 최고의 수준이지만 공부나 교육을 논하다보면 신기하게도 자주 접하게 되는 것이 유대인의 공부열이며 특히 그들의 공부방법에 관심을 갖게 된다. "왜 유대인의 공부방법에 대해 관심을 갖게 되는 것일까?" 그 이유는 소수민족인 유대인들이 세계를 아우르는 많은 인물들을 배출하였고, 걸출한 교육의 결과물들이 존재하기 때문이다. 학문, 정치, 경제, 문화, 예술 등 유대인의 영향력이 미치지 않은 곳이 없을 만큼 인구 1300~1400만명의 소수민족이 세계사를 이끌어가는 위대한 인물들을 쏟아내고 있는 것이다. 예를 들면 철학자인 노암 촘스키, 스피노자, 에릭 프롬, 칼 마르크스, 프로이트, 과학자 아인슈타인, 왁스먼, 경제학자 새뮤엘슨, 피터 드러커, 키신저, 레닌, 그린스펀과 같은 정치가, 조지 소로스, 마이클 델, 하워드 슐츠와 같은 기업가, 퓰리처와 같은 언론인, 카프카 샐린저와 같은 문학가, 샤갈, 모딜리아니와 같은 미술가, 멘델스존과 같은 음악가, 스티븐 스필버그, 올리버 스톤과 같은 영화감독 등 다양한 분야에서 뛰어난 인물들이 존재함에 놀라지 않을 수 없다. 또한 13억 인구의 중국은 12개 정도의 수상실적을 자랑하는 노벨상이지만 유대인들은 약 200개의 놀라운 결과를 보여준다. 물론 그렇게 교육열을 자랑하는 우리나라는 1개의 수상실적밖엔 없다. 또한 미국의 하버드대학 등 주요 아이비리그 대학의 유대인 학생수는 한국, 중국, 일본 3개국 합계가 4~5%선을 차지하고 있음에 비해 놀랍게도 무려 30%에 이른다. 이는 곧 3명중 1명은 유대인이라는 이야기가 된다.

이 같은 결과물은 곧 유대인이라는 민족을 그냥 지나칠 수 없게 만드는 요인이라 할 것이다. 그래서 많은 학자들이 유대인은 다른 인종에 비해 무언가 특별한 것이 숨어 있을 것이라 믿고 다양한 관점에서 연구를 하였고 지금도 연구 중에 있기도 하지만 특별히 인종과 관련한 유전적 특성이 다른 인종과 다르거나 특별하다는 연구결과는 아직 나오지 않았다. 그렇기 때문에 자연히 그들의 교육방법에 대해 관심을 갖게 되는 것이다.

유대인들의 학습방법은 읽기와 함께 읽은 내용을 바로 토론을 통해 이해하고 확인하고 발전시켜 나가는 것이 특징이다. 따라서 토론하는 동안 상대방의 의견을 잘 듣고, 나의 의견을 상대방에게 이해시키려고 최선을 다하며, 정답보다는 과정에 중심을 두어 서로의 생각을 나누기 때문에 자신의 생각만을 독단적으로 강요하는 것이 아니라 상대방에 대한 생각도 소중히 여기며 서로 다른 의견차이 속에서 더욱 발전된 생각으로 진행해가는 것이 주목할 만한 부분이다. 질문과 토론의 습관과 상대방의 의견을 존중하는 인식은 유대인들의 다양한 의견에 대한 가치를 존중하는 교육관이 잘 드러나 있다.

유대인 아이들은 이런 교육방법으로 인해 수업에 적극적으로 질문하고 참여하는 모습을 보인다. 억지로 강요하는 공부가 아닌 스스로 알고 싶은 내용을 적극 탐색하고 모르는 것을 질문을 통해 공유하며 상대방의 의견과 선생님의 의견을 교환해보고 더 나은 방향으로 해답을 모색해가는 과정자체가 매우 능동적인 활동이다. 자신이 스스로 하고자 한다면 그 자체가 즐겁고 행복할 수 밖에 없다. '공부'하면 지겹다는 생각을 떠올리는 우리의 아이들과는 달리 공부 자체가 즐거운 놀이이며, 행복한 사유활동으로 인식하고 있다는 점이 부러운 부분이다. 선생님이 가르쳐주는 학습내용을 무조건 받아들이고 외우고 시험치고 다시 잊어버리기를 반복하는 우리의 주입식 교육과 매우 대비되는 부분이다. 떠먹여주는 공부방법이 아닌 학생 스스로 지식에 접근하려는 의지의 유무차이는 매우 크다할 것이다.

물론 이런 유대인의 공부방식에 대해 진도가 느리고 분명한 답이 없어 답답하다고 생각할 수도 있다. 하지만 이런 공부방식은 기초를 튼튼히 할 뿐만 아니라 암기하고 곧 잊어버리는 지식이 아니라 자신의 것으로 체화된 지식이 되므로 평생 자신의 지식으로 활용이

가능하다. 심지어 이런 지식들로부터 새롭고 창의적인 지식들이 생성되게 되는 것이다.

　前 주한이스라엘대사 투비아 이스라엘리는 놀라운 한국의 경제적 성공이 한국 교육이 큰 역할을 한 것이라고 칭찬하면서도 두가지 점에서는 개선할 필요가 있다고 지적한다. 그중 첫 번째가 독서이다. 대학입시위주의 교육이 책을 읽을 시간을 없애고 한국인들의 독서시간이 줄어든다는 것에 큰 우려를 표한다. 젊은 세대가 다양한 독서를 통해 역사, 문학, 예술 등의 다양한 분야를 계속 공부할 수 있도록 해야한다는 것이다. 두 번째가 바로 질문 교육이 강화되기를 바란다고 지적한다. 호기심을 갖고 질문을 통해 답을 찾아가는 과정이야말로 교육에서 가장 중요한 핵심이라고 지적한다.

　그는 유대인의 교육에서 가장 강조하는 덕목에는 독서와 질문 그리고 적극적인 도전정신이라고 밝혔다. 아무리 강조해도 지나치지 않은 교육이 바로 독서이다. 책을 통해 세상과 소통하고 위인들과 대화할 수 있다. 이런 활동이 뒷받침되지 않으면 '지식'이라는 물고기조차 얻을 수 없다. 당연히 물고기를 잡는 법인 '지혜'를 얻기란 쉽지 않다. 또한 끊임없는 지적 호기심과 주어진 것을 당연히 여기지 않는 자세, 모든 것에 의심을 품고 질문하는 것이야말로 중요한 교육덕목이라고 강조한다. 창의적 혁신의 원동력이 바로 질문에 있다고 생각한다. 아울러 꿈과 목표를 향해 적극적으로 도전하는 도전정신이야말로 유대인들에게서 찾을 수 있는 자세라고 강조한다.

2. 독서토론과 하브루타토론

　유대인들은 책을 사랑한다. 그들을 일컬어 '책의 민족'이라고 까지 하는 이유가 책을 좋아하고 독서의 즐거움을 잘 아는 민족이기 때문이다. "책을 읽는 자식은 비뚤어지지 않고, 독서하는 민족은 망하는 법이 없다"는 그들의 격언에서도 그러한 의미를 느낄 수 있다.

　이스라엘 학교에서는 매 학기 마다 학생들 스스로 원하는 책을 읽고 그 목록을 제출토록 하는 독서교육 시스템을 활용하고 있어 학생들의 독서습관 형성은 물론 학생별 독서성향을 파악하여 잠재되어 있는 재능과 소질을 계발해나갈 수 있도록 돕는다. 학교뿐만 아니라 가정에서도 독서교육은 기본이다. 어린 자녀들에게 책을 읽어주는 것은 유대인 부모라면 거의 예외 없이 실천한다. 자녀가 글을 읽을 수 있는 나이가 되면 '어떤 책을 읽어라'고 강요하기 보다는 스스로 책을 찾아 읽을 수 있도록 배려한다. 이를 위해 부모는 하브루타토론을 활용한다. 즉 질문을 통해 자녀의 호기심을 자극해서 책을 읽을 수 있도록 동기를 부여하는 것이다.

예를 들면 "오늘 오후부터 천둥 번개가 심하게 친다고 하니 높은 곳에는 올라가지 말렴." 이렇게 엄마가 말하면 아이는 "왜 천둥 번개가 치면 높은 곳에 올라가면 안되나요?"라고 물을 것이다. 이럴 때 부모가 답을 알려주기 보다는 "글쎄, 왜 천둥 번개가 칠 때 높은 곳에 올라가지 말아야할까?"하며 호기심을 자극하면 아이는 관련 책을 찾게 된다. 이처럼 질문을 통해 자녀의 궁금증을 자극하는 훈련이 유대인의 하브루타 교육의 핵심이다. 하브루타는 스스로 독서를 하게 만들고 나아가 사고력, 창의력을 확장시키는 중요한 역할을 맡는다. 따라서 유대인 부모나 교사는 늘 아이들에게 어떤 질문을 던지면 좋을지 연구하게 되고 질문의 수준을 높여가게 된다. 마찬가지로 자녀들도 성장하면서 질문을 활용한 토론 수업에 적응하게 되고 더 좋은 질문을 하기위해 많은 책을 읽어 배경지식을 넓히고 이에 대해 숙고한다.

필자는 유대인들의 하브루타를 '독서토론'과 유사한 개념으로 해석한다. 그래서 독서교육 과정안에 독서토론은 기본적으로 활용하며, 특히 토론 중에 '질문만들기'라는 교육내용을 통해 학생들이 스스로 자신이 궁금해하는 질문을 능동적으로 만들어볼 수 있도록 배려

한다. 이를 위해서 먼저 교사가 독서내용과 관련한 발문을 하고 이를 통해 토의, 토론을 거친 후 이어서 학생들 스스로 질문을 만들어보도록 유도한다. 그런 후에 그 질문에 대해 참여한 학생들과 다양한 의견을 제시토록 하여 토론의 즐거움을 알게 하고 있다. 책을 읽으면서 책 그 자체의 흥미와 재미도 있지만 토론을 통해 책에서 얻는 즐거움을 알아가는 것 또한 유익한 것이다. 책을 양적으로 많이 읽는 것도 필요할 수는 있지만 먼저 책읽기의 즐거움을 알게하는 것이 중요하며, 그러기 위해서는 부모와 아이, 교사와 학생, 학생과 학생간의 책에 대한 토론이 이루어져야한다.

유아기에는 부모가 자녀를 무릎에 앉히거나 베갯머리에서 책을 읽어주고 책과 관련한 질문과 대화가 바람직하다. 이때 부모는 쉽고 재미있는 질문을 던져서 아이가 질문에 익숙해지도록 배려해야 한다. 정답보다는 궁금증과 호기심을 갖게 하고 그것을 질문으로 이어지도록 하는 것이 바람직하며 부모도 아이와 함께 놀아준다는 개념으로 받아들이면 좋다.

초등학교에 입학해서 읽기가 가능해지면 앞서와 같이 스스로 책을 찾아 궁금증을 해결할 수 있도록 배려하며 아울러 읽은 내용과 함께 토론하는 것이 좋다. 끝없는 질문과 토론은 무한한 지적성장을 이룰 수 있기 때문이다. 질문과 대답을 통한 토론은 부모와 자녀 모두에게 적극적으로 참여하는 능동적 활동이다. 일방통행적 지시나 강압적인 정답맞추기 교육은 점수경쟁 만을 부추기는 수동적 교육으로 전락하게 된다는 점을 간과해서는 안된다. 유대인들은 답을 잘 가르쳐주지 않는 것으로 유명하다. 답을 몰라서가 아니라 그 기회를 통해 스스로 답을 찾아가는 습관을 들이기 위해서이다. 부모는 답을 알려주는 정답기계가 되어서는 안되며 자녀역시 답을 알려주는대로 외우기만 하는 존재여서는 안된다. 답을 질문으로 바꾸는 훈련이 필요하다.

상급학교에 올라가서는 책을 읽고 대화하는 차원에서 벗어나 본격적으로 토론하고 논쟁하는 비중을 늘려야한다. 이를 위해서는 비판적 독서가 필요한데 책의 내용을 무조건 옳다고 수용하기 보다는 왜 이런 생각을 했을까? 왜 이런 주장을 담았을까? 혹시 다른 의견은 없는가?와 같이 다양한 자신의 관점과 비교해가며 읽어가게 되면 책에 대한 수준높은 이해가 이루어지고 나아가 보다 깊이 있는 사고가 만들어지는 것이다.

3. 하브루타토론의 진행방식

하브루타토론의 가장 기본은 탈무드를 읽는 것이다. 부모와 자녀가, 학교 친구들과, 교사와 학생이 언제 어디서든 탈무드에서 던져진 주제나 논제를 갖고 질문하며 자신의 주장이 옳다고 증명하기 위해 논리적 공격과 방어를 반복한다. 지고이기는 것은 없다. 상대방의 논리를 반박하기 위해 갖가지 아이디어를 떠올리고 치밀하고 빈틈없는 방어논리를 개발하는 동안 지혜와 사고력을 키워간다. 또한 이러한 하브루타토론은 창의력, 자기주도적 학습력, 문제해결능력, 논리적 사고, 비판적 사고를 향상시킨다. 학교에서도 이러한 탈무드식 토론의 연장선상에서 이루어진다. 교사가 주제를 주면 두세명의 학생들이 토론을 벌이고 강의가 끝나면 복습을 하면서 자신들의 생각과 교사의 가르침에 어떤 차이가 있는지에 대해 또다시 토론한다.

그럼 보다 구체적으로 하브루타토론의 진행방식에 대해 살펴보자.

1) 탈무드 읽기

탈무드는 구약성서를 기반으로 하나님의 말씀과 교훈을 이야기나 에피소드로 깨달음을 주기 위해 지금도 내용이 추가되고 있는 현재 진행형의 책으로서 명확한 답을 얻기 보다는 질문과 토론을 통해 텍스트가 전하려고 하는 내용의 이해와 상반된 입장을 이해해보는 것이 하브루타토론의 시발점이라 할 것이다. 탈무드 원전을 읽는 것이 좋지만 히브리어로 되어 있어 접근하기 쉽지 않으므로 한글로 번역된 탈무드 한글판을 선택해서 읽는 것도 상관없다.

2) 파트너에게 질문하기

읽은 내용이 옳은지 또는 다른 의견은 없는지를 확인하는 단계이다. 또한 파트너의 생각이나 의견이 자신과 다를 경우 왜 다른지 등 질문을 통해 확인해가는 과정이다. 따라서 이때 질문의 역할이 매우 중요하다.(질문과 관련해서는 본서 5장 참조)

3) 주제찾기

탈무드 텍스트 속에 담긴 주제를 찾아보며 보다 명확히해나가는 과정이다. 이때 자신이 생각한 주제와 파트너가 생각한 주제가 같으면 그 주제로 정하고 만일 다르면 왜 다른지 서로 토론을 통해 설득해나가야 한다. 자신이 생각한 것보다 상대방이 생각한 주제가 보다 논리적으로 옳다고 판단되면 그 주제를 선택할 수 있는 여유도 있어야 한다. 무조건적으로 자기의 주장만 옳다고 우겨서는 안된다.

4) 토론하기

정해진 주제에서 찬과 반으로 나눌 수 있는 논제라고 한다면 먼저 찬성이나 반대쪽에서 자신의 주장과 의견을 논리적 방법을 동원해 피력하는 토론과정을 거치고 어느 정도 마무리가 되어갈 즈음에는 반대로 역할을 바꾸어 마찬가지로 토론해간다. 이러한 점이 일반적인 토론과는 다른 토론방법이라 할 것이다.

5) 창의적 해결방법 도출하기

토론 논제는 명확히 어느 한 쪽을 옳다고 할 수 없는 것이 대부분이다. 이것은 다시 말해서 장점도 있지만 분명 단점도 존재할 수 있다는 것을 뜻하므로 찬성 측이든 반대 측이든 장점이 있기 마련이고 분명 단점도 갖고 있다. 따라서 단점을 버리고 양 측의 장점을 살려간다면 창의적인 해결방법이 도출될 수 있다. 흔히 정반합의 변증법이 여기에 해당한다고 할 것이다. 따라서 " ~한 방법이 필요하다."로 정리할 수 있다.

6) 적용하기

도출된 창의적 해결방법을 자신의 삶에 적용하는 과정이다. 이럴 경우 자신이 갖고 있는 단점이나 문제점을 떠올려보는 시간을 갖고 방금 토론을 통해 도출된 해결방법을 어떻게 적용시켜 단점을 장점으로 변화시켜갈 것인가를 생각해보아야 한다. 또한 얻어진 지식이나 지혜를 정교화하는 시간이기도 하다.

4. 하브루타토론 실천하기

1) 가정에서의 대화

대화는 '하브루타 교육법'의 가장 기본이 되는 주제다. 토론과 질문에 앞서 대화에 익숙하지 않는 아이들에게 하브루타 교육법은 오히려 독이 될 수 있기 때문에 가장 편안하게 대화를 풀어줄 수 있는 공간은 바로 가정이다. 하브루타토론이라고 하면 토론자들과의 격렬한 토론을 떠올릴 수 있지만 아이들에게는 가정에서 마치 대화하듯 부모나 형제간에 접근하기 쉬운, 즉 배경지식이 축적되어 있는 주제를 골라 가볍고 편안한 질문과 토론을 자주 주고받는 것이 중요하다. 특히 궁금한 것을 질문형태로 만들어 문답의 형태로 주고받는 습관이 자연스럽게 형성되도록 하는 것이 중요하며, 부모는 정답을 알려주고 외우게 하는 것보다 '질문의 의도', '틀린 답이라도 아이들의 답변을 먼저 물어보는 모습' 등을 통해 하브루타 교육법을 실천할 수 있다.

2) 학교에서의 활동

유대인들의 전통학교에서는 수업시간 동안 친구와 짝을 지어준다. 그리고 수업시간에서 하는 일은 수업이 아닌 파트너와의 토론과 논쟁이 주가 된다. 이러한 과정 속에서 나타나는 질문과 답변의 반복을 통해 학습이 이루어진다. 최근 교육 테크놀로지의 한 방법으로서 '플립러닝'과 매우 유사한 속성을 갖는다. 가정에서 주어진 과제를 학생 스스로 해결한 후 학교에 와서 학생들과 확인하는 학습방법이 바로 '플립러닝'으로 최근 다양한 교육적 방법으로 활용되고 있다. 이러한 '플립러닝'은 주입식 교육의 내용전달 후 그에 따른 질문이 아닌 예습과 숙제를 통한 학생들 사이의 질문과 토론으로 이루어지며, 교사는 이때 내용전달자가 아닌 일종의 촉진자로써의 역할을 하게 된다. 답을 만들어 내기 보다는 학생들 서로가 가르쳐주며 답을 만드는 과정은 주입식 교육보다 더 큰 효과를 얻을 수 있게 한다.

3) 회사에서의 활동

회사나 직장에서도 하브루타토론은 긴요하게 실천할 수 있다. 특히 회의를 자주 갖게 되는 기업의 속성상 하브루타토론은 문제해결에 많은 도움을 줄 수 있다. 먼저 회의를 하게 되는 것은 주로 문제에 대한 원인 분석과 문제해결방안에 대한 것이 주요 목적이므로 문제를 문제로 정확히 인식하고 정의하는 것이 중요하다. 이미 하브루타토론에서 이루어지는 것이 바로 주제 혹은 논제를 찾는 것이니만큼 문제를 찾고 정의하는 것에 매우 유용하다 할 것이다. 또한 원인을 분석할 때 찬성과 반대로 생각해보는 훈련이 결국 주관성이나 고정관념에서 벗어날 수 있도록 도와준다. 아울러 변증법적 문제해결방법은 주어진 문제를 보다 창의적으로 해결할 수 있는 발산적 아이디어를 제공하며 나아가 이를 회사에 적용시켜갈 수 있다는 점에서 하브루타토론은 기업에서도 큰 효과를 얻을 수 있다.

1) 하브루타토론이란 무엇인가?

2) 하브루타토론이 갖는 장점은 무엇인가?

3) 독서토론과 하브루타토론의 차이점과 공통점은 무엇인가?

4) 하브루타토론의 진행방식은 어떠한 과정으로 이루어지는가?

CHAPTER
11

독서토론과 인성교육

1. 인성의 의미

인성(人性)이란 사전적 의미로서 사람의 성품을 말하며, 각 개인이 가지는 사고와 태도 및 행동 특성을 의미한다. 사람만이 갖는 성품은 곧 사람다움이라 할 것이며, 사람다움은 사람만이 갖는 고유한 특성을 의미한다. 그럼 사람만이 갖는 특성은 무엇일까? 그것은 바로 다른 동물과는 달리 사유(思惟)를 할 수 있다는 것이다. 사유란 본능만이 아니라 이성활동을 통해 지식을 얻고, 옳고 그름을 판단하고 나아가 행동에 이르게 하는 정신적 활동이다. 이러한 사유를 철학자 칸트가 분류한 방식으로 접근해보면 지식을 얻을 때 사용하는 사유(순수이성)와 옳고 그름을 판단하는 사유(실천이성)가 있다. 먼저 순수이성은 이성 고유의 가장 보편적이고 자주 이루어지는 사고특성을 갖는데 바로 공부하고 학습하는데 필요한 이성이다. 평생교육학적 측면에서 보면 인간은 태어나서 인생을 마칠 때까지 순수이성을 갖고 학습하고 배우며 그것을 활용하여 살아가는 매우 유용한 사고능력이다. 이와는 달리 실천이성은 옳고 그름을 판단하는 사고능력으로서 함께 살아가는 인간 공동체 안에서 일어날 수 있는 다양한 선택지 중에서 옳은 것을 판단하여 행동할 수 있도록 돕는다. 즉 실천이성을 통해 공동선을 지향하고 올바른 삶을 살아갈 수 있게 한다.

여기서 하나 궁금한 질문이 떠오른다. 누구나 사람이라면 인성이라는 특성을 갖게 되고 사유를 통해 자신이 원하는 지식을 얻어 그 분야에서의 전문가로 성장하고 또한 옳은 판단으로 말미암아 공동체 안에서 서로 배려하고 사랑하며 행복한 삶을 살아가는 것이 당연한 것인데 왜 배우고 때로 익히지 않아 그 즐거움을 모르며, 옳지 않은 선택을 통해 양심에 가책을 느끼고 살아가며, 자신이 속한 공동체에서 공공의 적이 되어 인간이 걸어가지 말아야할 길을 가는가하는 것이다. 다시 말해서 누구는 지혜롭고 방대한 지식을 활용해서 자신의 꿈을 이루어가고, 누구는 열정도 비전도 없이 의미 없는 삶을 살아가기도 한다. 또 어떤 이는 천사라는 별명을 얻을 만큼 남에게 베풀고 나누고 사랑하는 삶을 살아가는데 또 어떤 이는 남에게 피해를 입히고 자신만을 생각해서 이기적이라는 낙인을 주홍글씨처럼 새기는 사람도 있다. 필자는 이러한 질문에 대해 인간은 완벽한 존재가 아니라 부족한 존재이며 그래서 누구나 완전한 사람이 아닌 불완전한 사람으로 존재하며 살아가기 때문이라고 생각한다.

그렇다면 인간은 무엇을 향해 끊임없이 노력하고 배워가며 그것을 이룩하려하는가? 그것은 바로 인간의 현 존재에 만족하는 것이 아니라 다양한 가치를 향해 나아가며 그것을 얻고자 하는 가치 지향적 존재라는 사실이다. 인간이라면 추구해야할 가치, 가령 사랑, 선, 행복, 용기, 절제, 배려, 희생 등 책을 읽게 되면 늘 던져지고 회자되는 주제이자 교훈들이 바로 이런 가치들이다. 너새니얼 호손의 『큰 바위 얼굴』은 인간이 추구해야할 가치에 대해 잘 드러내고 있는 작품이다. 주인공 어니스트는 자신이 살고 있는 마을의 큰 바위 얼굴의 전설에 대해 관심을 갖고 진정 그 전설에서 말하는 위대한 인물이 나타날 것으로 믿는다. 그 위대한 인물은 선하고 자비로우며 사랑을 전하는 어질고 인자한 가치를 지닌 그런 인물이 나타날 것으로 그는 믿으며 자신도 그런 가치를 닮아가려고 노력한다. 하지만 돈 많은 사람, 군인, 정치가 등 세상에서는 인정받는 위치에 있는 사람들이 등장하지만 어니스트의 눈에는 진정 인간이 갖추어야할 가치를 갖고 있지 않고 오히려 그들은 물질, 명예, 권력 등에의 욕심에만 눈이 먼 사람들이라는 것을 알고 실망한다. 그런데 실제 그 전설의 인물이 나타났으니 그가 바로 어니스트였던 것이다. 어니스트는 그런 가치에 대해 늘 동경하고 자신이 그 가치를 얻고자 노력하였다. 위대한 인물은 이렇듯 인간이 갖추어야

할 가치를 알고 그 가치를 향해 지향해가는 사람속에서 형성되는 것이다.

『큰 바위 얼굴』에서 보듯 인성은 가치지향적이며 노력에 의해 점차 완성되어가는 것으로 해석할 수 있다. 인간의 '본성'이 선험적이고 생득적이라면 '인성'은 후천적이며 사회적 환경에 의해 얻어지고 만들어가는 것이다. 그렇기 때문에 '인성'은 교육이라는 맥락에서 접근이 가능하다. 어니스트도 그 가치를 얻기 위해 노력했고, 그로 말미암아 실현할 수 있었다. 즉, 공부든 학습이든 혹은 그 어떤 교육적 방법이든 그 노력으로 말미암아 인성은 누구든 성장해갈 수 있다는 전제가 주어져있는 것이다. 그렇기에 인성도 교육할 수 있다는 '인성교육'이 이미 오래전부터 등장하였고 지금까지도 교육의 한 부분을 담당하고 있는 것이다.

2. 인성교육의 필요성

우리나라에서의 인성교육은 1990년대 이후부터 본격화되었다. 물론 그 이전에 인성교육이 존재하지 않았다는 것은 아니다. 고조선으로 시작한 초기국가에서부터 지금에 이르기까지 인성과 관련한 교육은 다양한 방법으로 시도되었지만 '교육'이라고 하는 현대적 의미에서의 지도방법과 체계라고 한다면 90년대 이후가 된다. 그 이유는 광복과 분단 이후 가난에서 벗어나고자 한강의 기적을 이루기 위한 산업화, 근대화에 역점을 두어 양적, 외형적 발전에만 치우쳐진 교육에만 몰두함으로써 산업사회에 걸맞는 지식과 정보를 두루 겸비한 인재들을 양산하게 됨으로 인간이 지향해야할 또 다른 중요한 가치에 대한 교육은 부족했던 것이 사실이다. 본질적인 의미에서의 인간다운 인간을 길러내는 인성교육은 대학입시위주의 주입식 교육으로 말미암아 인성교육과 관련한 도덕, 윤리, 철학, 역사, 문학, 예술 등의 과목들은 국, 영, 수 등의 주요시험과목에게 그 자리를 내주고 말았다. 그 결과, 그나마도 인성의 가치를 얻을 수 있는 기회마저 거의 사라지게 되었다고 해도 과언은 아니다. 오로지 좋은 점수, 좋은 대학, 좋은 직장, 풍족한 물질과 윤택한 삶이 현시대를 살아가는 인간의 최고목적이 되고 만 것이다.

그런 물질만능의 목표지향적 삶을 살아가는 사람들이 남을 배려하고 다른 이를 위해 자신을 희생하는 삶에 대해서는 안중에도 없는 것은 당연한 것이다. 현재의 인간사회는 앨빈 토플러가 지적한 대로 정보화사회로 진입하여 엄청난 과학기술의 발전을 경험하고 있고, 쏟아지는 정보를 제대로 읽어내지도 못하는 정보과잉의 시대가 되어버렸다. 하지만 이런 상황에서 살아가는 인간들이 올바른 인성적 가치를 함양하지 않는다면 그러한 과학기술이나 정보들은 서로를 파괴하고 해치는 무서운 도구로 전락할 수밖에는 없는 것이다.

이 시대를 살아가는 우리들만 이 세상에 존재하는 것은 아니다. 우리의 후손, 또 그 후손이 바통을 이어받아 살아가게 된다. 그들에게 이러한 아수라장 같은 세상에 살게 할 수는 없다. 얼마 전 고국을 떠나 더 나은 세상을 살기위해 가족을 이끌고 유럽의 복지국가를 향한 난민가족의 슬프고 아픈 실상이 사진 한 장에 담겨 온 세상을 인성의 가치에 대해 환기시킨 사건이 있었다. 그 사진에는 세 살밖에 안된 한 남자아이가 해변에서 엎드려 죽어 있는 모습을 담았다. 그 사진을 본 사람들의 마음속에서 다시는 이런 있을 수 없는 상황이 벌어지지 말아야할 것이라고 우려했을 것임에 틀림없다. 그렇기에 인성교육은 무엇보다 필요하다. 다시 말해서 인성교육을 통한 올바른 인성을 갖춘 인재양성이 무엇보다 시급하다 할 것이다.

3. 인성교육

우리나라에서 인성교육에 대한 공식적인 언급은 1995년 5월 31일 교육개혁위원회가 발표한 "신교육체제 수립을 위한 교육개혁의 방안"이라는 보고서를 통해서이다.

한국교육학회(2001)에서는 인성교육을 다음과 같이 정의하였다.

'인성교육이란 기존의 인지적으로 편중된 교육 상황에서는 별로 다루지 않는 정의적 측면 및 인간의 본성과 관련된 것으로 학습자로 하여금 건강한 전인적인 민주시민으로 성장하고 생태적인 본성을 실현함으로써 보다 풍부하고 자유로운 삶을 살 수 있도록 하기

위한 교육적 경험을 제공해 주는 것이다.'

공자

중국의 공자는 올바른 인성을 가지기 위해서는 어진 사람이 되어야한다고 강조한다. 어진 사람이 가져야할 교육은 자기 자신과 타인에 대한 배려, 즉 자신의 한계를 이기고 자신을 이겨내는 극기(克己)와 타인에게 예를 갖추는 것 즉 복례(復禮)의 두 가지 함양을 통해 이루어지는 것이며, 결국 어진 사람은 공자가 이상적인 인간상의 모델인 군자(君子)이다. 인성교육은 공자가 분류한 것처럼 자기 자신을 대상으로 하는 것과 타인에 대한 배려나 나눔, 예절, 관계성 등을 키워가야만 올바른 인성을 가진 사람으로 만들어진다는 것으로 인성교육이 지향하는 방향성과 내용을 말하고 있다.

한국교육학회(2001)에서도 인성교육이 다루어야할 구체적인 내용을 다음과 같이 정리하였다.

1. 자신의 본성이나 본질에 대한 정확한 탐색과 인식

2. 자기 이해

3. 자기 수용

4. 자기 개발

5. 인간관계

6. 도덕성 함양

7. 가치관 확립

8. 사회성 함양

이 같은 내용을 볼 때 인성교육은 자기 자신을 위한 가치와 타인을 위한 사회적 가치 모두를 함양하는 내용으로 이루어져야 한다.

몇년 전 필자가 감동을 받고 감상했던 전쟁영화 한 편이 있었다. 6.25 한국전쟁당시 어린 학도병들이 나라를 지키기 위해 목숨을 바친 내용의 영화였다. 그 영화를 보면서 내내 궁금한 질문이 필자의 마음 한구석에서 계속해서 답을 요구하고 있었다. 그토록 어린 학도병들이 무엇을 위해 자신의 목숨을 바쳐 싸우다 숨져갔을까? 분명 그들은 빗발치는 총알과 엄청난 굉음의 포탄이 무서웠을텐데 그러한 두려움과 공포를 이겨낼 힘은 무엇이었을까? 그것은 우리 눈에는 보이지 않는 그 무엇이 우리의 마음과 정신에 살아있기 때문이다. 그것은 바로 우리의 조국, 우리나라를 사랑하며, 그것을 지켜내야 한다는 애국심이라는 가치이자 덕목이다. 그 애국심이 학도병들이 하나가 되어 자신의 목숨을 소중히 여기지 않고 아낌없이 바칠 수 있게 한 숭고한 정신이 아닐 수 없다.

이러한 사실도 인성과 관계가 있다. 만약 이런 상황을 지금을 살아가는 아이들에게 나라를 위해 목숨을 바쳐 싸울 수 있겠냐고 한다면 어떤 대답이 돌아올까? 우리 아이들에게 애국심, 조국, 희생과 같은 눈에 보이지 않는 덕목과 관련한 답을 요구하는 것은 어른들의 지나친 기대는 아닐까 생각된다. 풍요롭고 넘쳐나는 물질 속에서 돈이면 안될 것 없다는 황금만능주의와 실용만을 앞세운 포스트모더니즘 환경 속에서 인성교육에서 다루는 행복, 사랑, 지혜, 배려와 같은 단어들은 관심조차 보이지 않는 고리타분한 도덕적 관념이 되고 만 것은 아닐까 우려된다.

지금의 교육은 성적지상주의, 돈 잘 버는 학과, 성공만 앞세우는 기성세대의 부추김 속에서 우리 아이들은 가치관이나 인성교육은 거의 황무지나 같은 교육환경에서 한쪽으로 기울어진 교육을 받고 있지는 않나 우려된다. 최근 신문과 뉴스에는 연일 패륜적인 사건들이 입에 회자되고 있고, 그것의 해결방안에 대해 서로 인성교육을 외치고는 있지만 현실에서는 실제적으로 제대로 된 인성교육은 이루어지지 않고 있다는 것이 사실이다.

율곡 이이는 스스로를 채찍질하고 잘못된 삶을 살지 않기 위해 스스로에게 다짐하고 지켜나갈 수 있는 좌우명 11개(자경문)를 만들어 읽고 또 읽으며 지켜나가려 했다고 한다. 소크라테스는 '너 자신을 알라'고 스스로 자신의 부족함을 인식하고 더 나은 가치를 얻기 위해 노력했으며, 초대 그리스도교 교회가 낳은 위대한 철학자이자 사상가 성(聖) 아우구

정약용

스티누스는 방탕했던 자신의 잘못된 삶을 성경을 읽고 깨우쳐『고백록』을 쓰게 되었으며, 다산 정약용은 자신의 아들들에게 보내는 편지에서 모든 것의 근본은 효이며, 독서의 중요성을 강조했다. 지금 우리시대에 있어 지켜나가야 할 좌우명은 무엇이며, 보편타당한 진리나 가치는 무엇인지를 생각해보아야할 때다. 이것이 인성교육의 핵심이라 할 수 있다.

향후 인성교육을 추진하는데 있어 몇 가지 주의해야할 사항에 대해 짚고 넘어가려고 한다. 첫째, 인성교육의 성과를 너무 조급하게 가시화하지 말라는 것이다. 급속한 산업화, 근대화로 말미암아 발생한 '빨리빨리' 문화 속에서 인성교육 조차도 성급하게 성과를 내려고 해서는 안된다. 인성교육은 단지 점수화해서 정답을 고르는 것과는 다른 차원이다. 자기자신의 몸과 마음을 수양하고, 남에게 배려하고 존중할 줄 아는 것은 단지 지식의 주입적 차원과는 다르기 때문이다. 장기적인 목표를 갖고 적절한 인성교육 프로그램을 개발하여 적용해가는 것이 필요하다.

둘째, 인성교육이 보편적 가치와 덕목을 지향해야 함에도 불구하고 특정한 가치관이나 사상을 마치 훌륭한 덕목과 같이 취급해서 교육해서는 안된다. 다시 말해서 적절한 인성교육 콘텐츠가 잘 연구되고 준비되어 적용되어야 한다는 것이다. 편향된 가치와 관련한 교육은 자칫 사회적 갈등만을 초래할 뿐이다. 가령, 조지 오웰의『1984』에서도 '이중적 사고'와 같은 체제선전과 체제존립을 위한 편향된 가치관을 시민들에게 주입시키는 교육을 통해 진정한 인성교육이 아닌 특정한 목적을 위한 교육적 결과를 초래할 수 있기 때문이다.

셋째, 평생교육과 연계된 인성교육의 실시가 필요하다. 인성교육은 마치 자라나는 어린 세대에만 적용되는 것으로 착각해서는 안된다. 미국의 인성교육전문가 마이클 조셉슨 박사는 "인성교육은 수학, 기술처럼 무엇을 가르치는 것이 아니라 아이들에게 '불어넣는' 것"이라며 "교사, 부모가 자기 스스로 모범을 보여주는 것이 중요하다"고 말했다. 이처럼 아이들의 모범이 되기 위해서는 교사, 부모를 대상으로 하는 평생교육 차원에서 인성교육을 시행해야한다. 학생들의 경우는 가정과 학교에서 인성교육을 실시하고, 성인의 경우 정부차원에서 인성교육 기관을 신설하거나 평생교육 기관을 활용하는 것도 바람직할 것으로 보인다.

넷째, 인성교육을 도구화해서는 안된다. 시험을 보기위한, 대학입학을 위한, 승진이나 인사고과를 위한 도구로서의 인성교육이 된다면 진정한 인성교육에서 벗어나 남에게 억지로 보이기 위한 인성교육, 평가만을 바라는 인성교육으로 변질될 가능성이 있기 때문이다. 스펙을 쌓기 위한 인성교육이 아닌 진정 올바른 가치를 지향하도록 돕는 교육이 되어야할 것이다.

마지막으로 인성교육이 향후 우리나라의 미래를 짊어지고 나갈 인재들의 핵심역량을 성장토록 한다면 더없이 좋은 방향일 듯하다. 핵심역량은 리더십, 창의성, 의사소통능력 등을 들 수 있는데 이러한 역량들은 인성이 갖는 올바른 가치와 결부되어 있다. 리더십이나 의사소통능력은 남을 인정하고 배려하지 않으면 성장할 수 없는 능력이다. 특히 창의성에서도 개인의 창의성도 중요하지만 집단창의성을 통해 더 나은 창의적 결과물을 얻어낼 수 있다. 따라서 인성교육이 마치 옛날의 예절교육 정도로 끝나서는 안되며 서로를 배려하고 소통하고 이끌어가는 능력과 더불어 창의적인 지적 능력도 무시해서는 안될 것이다. 그런 의미에서 독서교육은 인성교육과 창의성교육, 나아가 핵심역량을 키워갈 수 있는 좋은 교육적 대안이 될 것으로 여겨진다.

4. 인성교육과 독서교육

독서교육은 인간의 독서행위와 관련한 제반 교육활동을 지칭한다. 독서교육을 통해 읽기, 말하기, 듣기, 쓰기와 같은 기초학습능력 뿐만 아니라 많은 지식과 정보를 축적하게 되고 그것을 제대로 활용할 수 있는 지혜가 성장하게 된다. 아울러 자기주도적인 학습능력이 성장하게 되고, 창의력 발달, 올바른 가치관이 형성되도록 도와주는 것이 독서교육이다. 다시 말해 독서교육은 인간을 인간답게 만들어주는 인성교육을 돕는 매우 유용한 방법이자 역할을 맡는다고 할 수 있다. 따라서 이를 위해서는 올바른 독서 방법, 양서의 선택, 독서토론, 다양한 글쓰기 등의 체계적인 독서교육이 이루어져야하며 이와 함께 국어과를 비롯한 각 교과 교육과 재량활동 및 특별활동에 독서교육을 적극 활용하여 보다 깊고 심화된 사고영역으로 이끌어가야 한다. 특히 독서토론은 이와 같은 독서교육에 있어 핵심적인 역할을 맡고 있다.

인성교육에 있어 독서교육의 영향과 관련성에 대한 연구들을 보면, 김태진(1991)은 동화를 중심으로 독서가 인격 형성에 미치는 영향에 관해 연구하였는데 응답자의 72%가 독서가 인격 형성에 영향을 준 것으로 나타났다. 최선희(1997)는 아동을 대상으로 독서요법 프로그램을 실시, 아동의 사회적 자아개념과 인간관계 증진에 있어 효과를 검증하였으며, 김종활(2000)은 독서지도가 인성발달에 미치는 영향에 대해 연구하여 독서지도를 한 실험집단이 비교집단에 비해 긍정적인 인성발달의 효과를 검증하였다. 한철우 외(2001)에서는 독서 클럽 활동을 통한 효율적인 인성 지도 방안을 연구함으로써 지금까지의 독서와 인성교육관련 연구 결과, 독서가 인성 교육에 효과적인 방법이라는 점과 주제 중심 독서 프로그램을 적용한 독서 활동이 일선 학교의 인성 지도 방안으로 활용될 수 있다는 점을 검증하였다. 반금현(2001)과 임은숙(2003)은 중, 고등학생들을 대상으로 자아개념, 자아 정체성과 관련한 독서교육의 영향에 관한 연구에서 효과가 있는 것으로 입증하였다. 이민영(2004)은 초등학교 학생들을 대상으로 독서지도를 한 실험집단이 독서지도를 하지 않은 비교집단에 비해 긍정적인 인성발달이 이루어졌음을 보여주었다. 이선영(2004)은 시설의 유아를 대상으로 글 있는 그림책을 이용한 독서요법 프로그램을 실시함으로써, 시설아동의 자아존중감을 향상시킬 수 있다고 강조하였다. 김규원(2013)은 독서치료 프로그램이

고등학생의 인성과 사회성 발달에 유의미한 영향을 준다는 것을 입증하였다. 이 밖에도 이성은(2013)의 그림책 활용에 따른 인성교육 활동이 만3세 유아의 자기조절능력 및 친사회적 행동에 미치는 영향 연구, 김수혜(2013)의 인성교육 관련 그림책을 활용한 토의활동이 유아의 자아개념과 친사회적 행동에 미치는 영향 연구, 김현정 외(2013)의 동화를 활용한 인성교육 활동이 유아의 자아개념과 친사회적 행동에 미치는 효과 연구, 안민욱(2014)의 그림동화를 활용한 인성교육 방안 연구, 안미경(2015)의 다문화가정 자녀를 위한 동화 활용 인성교육 방안 연구, 박현지(2015)의 인성동화를 활용한 협동활동이 유아의 배려적 사고에 미치는 영향 등 최근의 연구들에서도 독서교육이 인성에 유의미한 영향을 미치고 있다는 사실을 보여주고 있다.

이렇듯 독서라는 행위는 인간에게 있어 지식과 정보를 제공해 주고, 교양을 높여 주며, 취미와 오락의 기회를 제공해 주는 역할을 하며, 감정을 움직이고 정서적 체험을 돕는다. 또한 독서는 사회적 제요인과 환경에 대한 간접적인 경험의 기회를 부여한다. 그러므로 독서는 인간 생활에 있어서 지적으로 성장하고 인성을 함양케 함으로써 자기 발전을 위해 사용할 수 있는 가장 적절한 도구이다. 또한 독서는 사회적 자원의 하나로 인성 발달의 조건이 된다. 그리고 인성이 한 사람의 마음의 바탕과 사람됨의 바탕이라고 할 때, 바로 이 마음의 발달과 사람됨의 구현이라는 점에서 독서와 인성 교육은 접점을 형성할 수 있을 것이다.

따라서 독서의 질과 양은 곧 자기 발전의 정도를 가늠해 주는 척도이며, 타인과의 관계와 사회성 함양의 기준이라 할 수 있다. 이러한 독서행위와 관련한 제반 교육활동이 바로 독서교육이다. 독서교육을 통해 읽기, 말하기, 듣기, 쓰기와 같은 기초학습능력 뿐만 아니라 많은 지식과 정보를 축적하게 되고 그것을 제대로 활용할 수 있는 지혜가 성장하게 된다. 아울러 자기주도적인 학습능력이 성장하게 되고, 창의력 발달, 올바른 가치관과 인성이 형성되도록 도와주는 것이 독서교육이다.

5. 인성교육과 독서토론

독서토론활동은 독서교육에서 인성교육을 위한 매우 좋은 방법이다. 1장에서 독서토론의 필요성에 대해 살펴본 바와 같이, 독서토론활동 자체가 학생들에게 공동체 의식을 높여줄 뿐만 아니라 민주적인 생활태도를 키워주기 때문이다. 함께하는 수업형태를 통해 서로 책을 읽고 난 다음 나누는 이야기를 통해 다양한 생각을 받아들이게 되고 우리사회가 더불어 살아가는 곳이라는 점을 알게 해준다. 또한 혼자 책을 읽다보면 내용을 부정확하게 이해할 수도 있고, 너무 주관적으로 파악할 수도 있다. 그러나 독서토론과정을 통해 다양한 의견들을 주장함으로써 책의 내용을 보다 명확하게 이해할 수 있게 되며, 다양한 관점을 수용하는 능력을 기를 수 있기 때문이다. 책의 내용이나 주인공의 행동에 대한 자신의 생각만이 옳은 것이 아니라, 자신의 견해와 상반된 견해에 대해서도 관용할 수 있도록 해준다. 결과적으로 우리는 혼자 살아가는 존재가 아니라 서로 함께 살아가는 공동체적 사회이므로 윤리와 도덕, 가치관이 필요한데 이러한 인성교육적 덕목을 키워주는 것이 독서토론이라는 사실이다.

1) 인성교육이 필요한 이유는 무엇인가?

2) 인성교육을 실행할 때 주의할 점은 무엇인가?

3) 인성교육에 필요한 책 두 권을 선정하고 그 이유에 대해 발표해보자.

CHAPTER

12

독서토론대회

1. 독서토론대회

독서토론대회란 독서토론을 통해 얻어진 실력과 기량을 겨루는 공식적인 대회로 참가자들의 경쟁을 통해 승부를 가려 시상을 한다. 독서토론대회는 일반 토론대회의 일종이다. 자신의 토론 실력을 가늠해보고, 토론의 기초 능력을 향상시킬 가장 좋은 방법은 다름 아닌 토론대회에 참가해보는 것이다. 독서토론대회 참가를 통해 참가자들의 수준 높은 토론실력을 맛보고 실력에 따른 당락이 걸린 대회이므로 보다 치열하고 몰입하여 토론에 임할 수 있다는 장점이 있기에 독서토론대회에 참가해보는 것은 매우 의미가 있다할 것이다.

실제로 토론대회에 참가한 학생들의 말을 들어보면 신나는 지적 겨루기로서 당락에 상관없이 많은 것을 배울 수 있었고 토론의 과정과 토론이 갖는 묘미를 느낄 수 있었다는 긍정적인 답변이 많았다. 따라서 이번 장에서는 실제 독서토론대회에 참가하는 것을 전제로 하여 '독서토론대회에 어떻게 참가할 것인가?'라는 질문에 대한 답을 구체적으로 서술해가기로 한다.

독서토론의 중요성을 인식함에 따라 독서토론대회에는 각종 사회단체가 주최하는 토론대회부터 대학교에서 주최하는 대회까지 점점 늘어나는 추세이며, 교육청이나 지자체들도 적극적으로 토론대회를 주최하거나 기획하는 사례가 많아지고 있다. 이를 위해 개별 학교에서 교내 토론대회를 벌이는 경우도 늘었는데 교내 토론대회를 거쳐 교육청이나 지자체가 주최하는 토론대회에 출전할 팀을 선별하는 차원으로 볼 수 있다.

독서토론대회에 참가하는 것은 학업에 지장을 주거나 국영수와 같은 주요 과목공부 시간을 빼앗는 정도로 간주될 것은 아니다. 오히려 그 과정에서 자기주도적 학습 방법을 터득하고 새로운 시각을 깨우쳐 창의적이고 비판적인 사고를 향상시켜 학업에 도움이 됐으면 됐지 해로운 결과를 가져다주지는 않는다. 특히 자신의 생각을 발표할 수 있는 무대이므로 향후 프레젠테이션능력, 자신감, 리더십 등 토론대회참가는 매우 유익한 활동이라 할 것이다.

독서토론대회는 소수 참여 인원이 정해진 규칙에 따라 벌이는 지적 대결이라 할 수 있다. TV토론처럼 자유롭게 주장을 펼치고 논박하는 형식이 아니라 정해진 규칙에 따라 승패를 가르는 교육토론에 해당한다. 토론의 단계 중 자유토론 시간을 주는 경우도 없지 않지만 대체로 본서 토론의 과정에서 살펴본 입론, 확인질문(교차조사), 반박 등 CEDA(교차 질문형 토론)의 기본 방식을 취하는 경우가 많다.

대결은 3~4명이 한 팀을 이루어 벌이는 경우가 많다. 팀별로 지도교사도 있다. 교육토론의 기본 방향대로 하나의 논제를 두고 집중적인 토론을 벌이며(독서토론의 경우 주어진 책을 중심으로 2개 이상의 논제가 제시되는 경우도 있다.) 찬성과 반대 의견은 토론대회 당시 결정되어 토론 중간에 바꿀 수 없다. 심사위원이 단계별, 토론능력별로 점수를 매기고 이를 종합하여 승패를 가른다. 토론대회는 수많은 학생들이 참가하는 만큼 대개 조별 리그를 거치고 본선에서 토너먼트 식의 대결을 펼치는 경우가 많다.

2. 독서토론대회의 유형

중·고등학생을 대상으로 하는 경우, 독서토론대회에서 통일된 규칙이나 순서는 없다. 입론, 확인질문, 반박, 최종발언의 기본 틀을 유지한 채 최종발언을 둘지 말지, 반론에서도 확인질문을 부여할지 말지 등 대회별로 각기 다른 특징이 있다. 각각의 발언시간도 대회마다 다르다. 때론 중간 중간에 숙의시간 내지 작전타임 시간을 부여하는 경우도 있다. 세부 운영 규칙이나 순서는 대회가 지향하는 가치관이나 지향점에 따라 모두 다르다. 따라서 각 대회별 규칙, 순서에 대한 숙지와 대비가 필요하다.

토론 중간에 의사진행발언이나 신상발언 등을 허용하는 경우도 있는 데, 이는 상대팀이 토론 규칙을 심대하게 어겼거나 상대팀이 인신공격을 하거나 주장을 왜곡하여 해석하는 경우에만 사용할 수 있다. 독서토론대회는 책이라는 주요 소재가 전제되어 있다는 점에서 다소 다른 방식을 도입하는 경우도 있다. 예를 들어 일반적인 토론대회에는 논제가 명확하게 제시되는데, 일부 독서토론대회에서는 논제가 주어지지 않고 제시된 책 속에서 학생들이 논제를 찾아 직접 제시하는 형태로 이루어지는 경우도 있다.

3. 독서토론대회의 사전 준비

독서토론대회에 참가하려고 마음먹고, 어떤 대회인지도 결정되었다면 이제 본격적으로 토론대회를 위해 사전 준비에 착수해야 한다. 토론대회는 대회 당일로만 판가름 나는 것이 아니다. 토론대회에서 우월한 성과를 내기 위해 여러 방식의 준비를 거쳐야 하는데, 사실상 어떻게 준비과정을 거쳤는지에 따라 대회의 성패가 좌우된다고 말해도 과언은 아니다. 토론대회의 사전 준비는 다음과 같은 사항들을 점검하고 훈련하는 것으로 진행할 수 있다.

1) 토론대회의 유형과 진행방식 숙지

토론대회는 해당 주최 측에서 토론의 진행방법, 형식 등을 비교적 상세하게 제시한다. 전반적인 진행 방식으론 논술문을 받아 조별리그를 대체하는 경우도 있고, 조별리그를 거쳐 토너먼트 형식으로 진행되는 경우도 있다. 진행 방식에 따라 몇 차례에 걸쳐 토론을 벌여야 하는지, 팀원의 수는 몇 명으로 해야 하는지 등이 결정되고 그 방향에 따라 차근차근 준비를 진행해야 한다. 각 단계별 발언시간이나 특이사항을 미리 꼼꼼히 살피고 숙지하고 있어야 토론대회 당일에 실수를 줄일 수 있다.

2) 팀원의 구성

토론대회는 팀별로 대결이 진행되는 경우가 많다. 대개 세 명 혹은 네 명이 한 팀을 이뤄야 하는 데 팀원을 잘 구성하는 것도 무엇보다 중요하다. 팀원을 구성할 때에는 그냥 친한 친구끼리 모여서 해보자는 차원을 넘어 각 학생의 특성을 반영하여 구성할 필요가 있다. 예를 들어 단순 스피치에 강한 학생, 순발력과 분석력이 강한 학생, 논리적 분석 능력이 뛰어난 학생, 설득력과 종합력이 우월한 학생 등 다양한 특성이 조합될 수 있도록 팀을 구성하는 것이 좋다. 해당 특성에 따라 입론, 확인질문, 반박, 최종발언을 담당하는 식이다.

3) 논제 파악과 자료 조사

토론대회에서 주어진 논제를 정확히 파악하는 것이 무엇보다 중요하다. 논제를 지나치게 넓게 해석하거나 좁혀 해석하면 실전 토론에서 힘을 발휘하기 힘들다. 논제 파악이 끝나면 자료 조사를 해야 하는 데, 찬성과 반대 입장 모두 논점을 분석해야 한다. 관련 도서를 검색하여 찾아보거나 인터넷을 통해 해당 논제의 역사적 배경과 개념, 여러 논지와 논거, 관련 사례들을 최대한 많이 찾아 정리하고 유형별로 분류하여 체계적으로 정리할 필요가 있다. 사실 토론대회의 성패는 자료 조사에 달려있다고 볼 수 있다.

4) 기본 논술문 작성

토론대회에 참여한 팀별로 사전에 논술문을 제출해야 하는 경우가 많다. 이 논술문을 통해 예선 통과를 가늠하는 대회도 많으니 논술문 작성에 힘을 쏟아야 한다. 논술문은 대학에서 실시하는 논술고사의 작성 방향과 크게 다르지 않다. 논술문의 기본 규격을 벗어나 연설문을 작성하거나 감상문을 작성하면 본선 통과조차 힘들다. 서론, 본론, 결론의 기본 구성에 따라 주장이 분명한 글을 작성하는 것이 좋다. 찬성 혹은 반대 중 하나의 입장을 택해 일관된 주장을 펼쳐야 하며 본론에서 2~3개의 논점을 잡는 것이 좋다. 각 논점마다 주장을 뒷받침하는 논거를 반드시 제시해야 하며 반대측이 제기할 수 있는 반론을 감안하여 설득력을 높이는 과정도 필요하다.

5) 논거카드와 토론 개요서 작성

논점에 따라 이를 뒷받침할 논거들을 정리하여 카드로 만드는 것이 좋다. 실제 토론대회에서 이러한 논거카드를 활용하여 순발력 있게 대처할 수 있기 때문이다. 상대측이 어떤 논점을 제기할지 모르는 만큼 가급적 다양한 논점을 정리하고 이에 적절한 논거들을 정리해야 한다. 논거카드는 찬성과 반대 중 하나의 입장만 정리해선 곤란하다. 토론대회 당일 어떤 입장으로 결정될지 미지수이기 때문에 양쪽 입장을 모두 준비해야 한다.

논거카드와 더불어 토론 개요서나 토론흐름표를 작성하는 것도 빠뜨리지 말아야 한다. 이는 토론 전반에 대한 전략을 세우고 입론, 확인질문, 반박 등에 따라 어떤 논지를 중점적으로 펼칠지 정리하는 것이다. 찬성과 반대, 그리고 입론, 확인질문, 반박 등 토론의 흐름에 따라 한 눈에 볼 수 있도록 표로 작성해두면 토론대회에서 흐름을 놓치지 않고 적절하게 대응할 수 있다.

6) 확인 질문에 대비

상대측이 제기하는 확인 질문에 순발력 있게 대응하는 것은 매우 어렵다. 예상치 못한 질문을 받으면 당황하고 흔들릴 수밖에 없다. 이에 대처하기 위해서는 사전에 가능한 확인 질문을 리스트로 뽑고 이에 어떻게 대답할지 정해두는 것이 필요하다.

7) 모의 토론 진행

실전에 준하는 모의 토론을 시행해 감을 익히는 것이 필요하다. 팀원을 두 파트로 나누고 찬성과 반대를 번갈아 토론해보면 논점도 보다 분명히 익힐 수 있고 토론의 흐름을 주도해 나갈 능력을 얻을 수 있다.

4. 유의할 사항

토론대회는 스포츠 경기와 유사하다. 정해진 규칙에 따라 지적 대결을 펼쳐야 하며 팀원들은 맡은 역할을 충실히 수행해야 한다. 규칙을 잘 지키는 것은 무엇보다 중요한데 발언 시간을 정확히 지켜야 하는 것처럼 규칙은 대회 주최측이 제시한 안을 충실히 따라야 한다. 대개 주어진 발언 시간을 초과할 경우 종을 울려 알려주는데 이후에도 계속 발언하면 감점을 받을 수밖에 없다.

상대측이 발언할 때 개입하거나 질문을 하는 것은 절대 삼가야 한다. 자기팀원이 발언할 경우에도 개입하거나 보충발언을 해서는 안 된다. 상대측 발언 때 경청하는 태도를 견지하거나 토론의 기본 예절을 지키는 것도 잊지 말아야 한다.

발언은 시작과 끝을 분명히 알리는 것이 좋다. 예를 들어 "반대측 반론을 시작하겠습니다", "이상 찬성측 입론을 마치겠습니다."와 같이 발언의 시작과 끝을 분명히 알리는 것이 발언을 보다 명확하게 하는 방법이다.

5. 토론능력의 평가

토론대회의 평가는 심사위원들이 정해진 평가표에 따라 진행한다. 크게 보아 논증력, 비판적 사고력, 언어전달력, 태도 등의 항목이 주된 평가 항목으로 구성된다. 각각의 능력이 입론, 확인질문, 반론, 최종발언 등의 토론 진행 항목마다 적절하게 평가 요소로 삽입되는 형태다. 각각의 평가항목들을 세부적으로 나누어 정리해보면 다음과 같다. 이러한 평가

요소를 감안하여 토론대회 준비에 나서야 하며 토론 당일에도 유념할 필요가 있다.

- 논제에서 사용된 주요 개념들을 정확히 정의했는가?

- 입론, 확인질문, 반박의 내용 구성이 적절했는가?

- 논리 전개가 일관적인가?

- 주장에 대한 논거 및 사례 제시가 타당하고 명확했는가?

- 상대측 논리를 정확히 이해하고 확인질문이나 반론 시 적절하게 대응했는가?

- 상대측의 논리적 허점을 창의적인 시각에서 적절하게 공격했는가?

- 상대측의 공격에 대한 방어를 순발력 있게 대처했는가?

- 언어 전달력이 뛰어난가?

- 발음, 목소리의 강약, 말의 속도, 어조, 시선, 몸동작 등이 적절했는가?

자유토론의 경우 토론의 과정에서 자신의 입장을 바꾸어도 상관없다. 상대에 의해 설득 당할 수도 있으며 새로운 차원의 입장을 제기하는 것도 무방하다. 반면 교육토론은 토론 중간에 찬반의 입장이 바뀌어선 안 된다. 대개 토론 평가에 있어 참여 학생들은 토론 시작 전에 찬성측 혹은 반대측을 정한다. 해당 주제에 대해 자신이 찬성 의견을 가지고 있다고 하더라도 반대측으로 정해질 수도 있다. 이렇게 정해진 입장은 토론이 종료될 때까지 견지해야 한다. 정해진 입장에 맞춰 논리적으로 주장을 전개할 수 있는지, 상대가 제기한 논점의 약점을 정확히 파악하여 논박할 수 있는지 등을 평가하는 것이 목적이기 때문이다.

6. 독서토론대회 사례 - 경민독서토론대회(중등부)

1) 주제

> 동물의 권리에 대한 윤리적 접근이 활발히 이루어지고 있다. 동물에게 권리가 있는지의 여부는 동물이 도덕적 존재인지의 문제와 연결되며 인간과 동물의 공존에 있어서 중요한 문제가 된다. 2009년 경민 토론대회 중학교부 주제는 '동물에게 권리가 있나?'이다.

2) 쟁점

가. 동물원은 없어져야 한다. VS 동물원은 있어야 한다.

> 본 쟁점을 토론하기 위해서는 동물원은 동물학대인지에 대한 논의가 선행되어야 한다. 만일 동물원이 동물학대라면 동물에게는 권리가 있고, 동시에 동물원은 없어져야 한다고 말할 수 있다. 그러나 동물원은 동물학대가 아니며, 비록 동물학대라고 하더라도 인간을 위해 동물을 사용할 수 있다고 주장한다면 동물원은 있어야 한다고 주장할 수 있다.

나. 동물들은 고통을 느낀다. VS 동물들은 고통을 느끼지 못한다.

> 동물들은 고통을 느끼는지의 여부는 동물의 권리를 인정하는데 있어 매우 중요한 기준이다. 왜냐하면 고통과 쾌락을 느낀다면 '도덕적 권리'를 갖는다고 할 수 있기 때문이다. 따라서 어떤 근거에 의해 동물이 고통을 느끼는지 그렇지 않은지를 논증하는 것은 동물의 권리를 인정하는 중요한 쟁점이 될 수 있다.

다. 동물실험은 정당하지 않다 VS 동물실험은 정당하다.

> 동물에게 권리가 있다고 주장하면 동물실험은 정당하지 않다고 해야 한다. 왜냐하면 동물이 인간의 목적을 위한 수단이 되기 때문이다. 반면 동물에게 권리가 없다고 주장하면 동물실험의 정당성을 인정할 수 있다. 또한 동물실험의 정당성은 인간과 동물의 우월성에 대한 논의와 연결되는데, 왜 인간이 동물보다 우월한지다고 주장하는 것은 동물의 권리를 인정함에도 불구하고 인간을 위해 동물실험을 인정한다면 어떤 근거에서 그런 주장을 할 수 있는지 근거를 제시해야 한다.

3) 토론 진행 순서(45분)

순서	구분	배정시간	비고
입론	긍정 측 토론자	4분	시간은 스톱워치로 주심이 측정
반박	부정 측 토론자	8분	
입론	부정 측 토론자	4분	
반박	긍정 측 토론자	8분	
쟁점별 자유 토론	긍정 측, 부정 측	13분	
작전타임	긍정 측, 부정 측	2분	
최종 변론	부정 측 토론자	3분	
최종 변론	긍정 측 토론자	3분	

- 토론대회 책상배치도

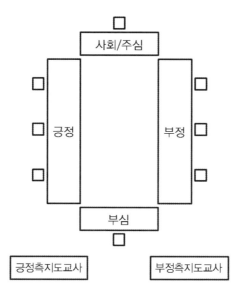

4) 채점 기준

기준 및 배점	점수
주장의 명료성	20점
논리	20점
태도(듣기·말하기)	20점
팀웍(역할 분담)	20점
규칙 준수 (시간, 진행 통제)	20점

1) 독서토론대회에 참여하면 무엇이 유익한가?

2) 독서토론대회 참가에 있어 사전준비사항에는 무엇이 있는가?

3) 독서토론대회의 유의사항에는 어떠한 항목들이 있는가?

CHAPTER 13

독서토론의
실제와 적용 1

1. 대상별 독서토론 운영사례

문학, 비문학의 대상에 따른 독서토론 운영을 의미한다. 독서토론을 위한 도서는 크게 문학, 비문학으로 구분할 수 있으며, 문학은 사상이나 감정을 언어로 표현한 예술. 또는 그런 작품. 시, 소설, 희곡, 수필, 평론 등을 들 수 있으며, 비문학은 문학과 달리 정보나 지식을 전달하거나 또는 주장이나 의견을 설득하는 글, 상호작용의 글 등을 들 수 있다. 따라서 문학과 관련된 도서를 갖고 토론하는 것과 비문학 도서를 갖고 토론하는 것은 대상별로 구분되어 운영될 수 있다. 이번 장에서는 문학부분에서는 소설부문을, 비문학부분에서는 명절과 관련한 사회문화적 정보전달의 도서를 중심으로 각각 살펴보기로 한다.

1) 문학부문을 대상으로 한 독서토의 운영사례 〈교안의 실제 예〉

수업대상	중학교 1학년 3명		도서명	우리들의 일그러진 영웅(이문열 글/ 다림)
수업목표	1. 이기적 권력과 폭력성에 대해 생각해본다. 2. 권력에 굴복하는 사회적 약자에 대해 생각해본다. 3. 불의함에 대한 비판적 시각을 생각해본다.		준비물	활동지, 도서, 필기도구 등
수업주요 활동단계	주요 활동		시간(분) 80분	비고
도입단계	• 책과 작가에 대한 소개 • 등장인물의 성격분석을 통한 심정 이해하기 • 경험적 질문을 활용한 발문 및 토의, 토론 　　1. 여러분도 친구 중에 폭력 등 나쁜 짓을 하는 친구가 있나요? 　　2. 여러분은 폭력을 쓰는 친구에게 어떻게 대하나요?		15분	
전개단계	• 발문을 통한 독서토의 　　1. 병태는 왜 전학을 온 후 엄석대가 못마땅했을까요? 　　2. 병태는 처음에는 엄석대에게 반항하고 저항하다가 왜 점점 엄석대편이 되어 갔을까요? 　　3. 반 아이들은 왜 엄석대의 말을 들어주었을까요? 　　4. 병태가 반 친구들과는 달리, 석대의 잘못을 왜 말하지 않았을까요? 　　5. 기존의 담임선생님과 새로 오신 담임선생님의 차이는 무엇인가요? 　　6. 엄석대는 왜 반장선거가 끝나갈 무렵 학교를 뛰쳐나갔을까요? • 학습자 스스로 질문만들기 활동과 토의 • 핵심적 질문을 통한 학습주제파악 　　1. 엄석대가 형사들에게 잡혀가는 것을 본 병태는 그날 저녁 왜 눈물까지 흘리게 되었을까요?		45분	
정리단계	• 토의한 내용을 요약하거나 정리할 수 있는 활동		20분	

	1. 기존의 담임선생님과 새로 오신 담임선생님, 그리고 반 아이들의 행동에 대해 각각 비판하는 입장에서 논술하세요. 2. '새 담임선생님의 행동은 옳은가?'라는 논제로 자신의 주장글쓰기 3. 다음 차시 안내 외		
평가	• 학습목표에 맞게 활동했는지 학습자의 상황을 평가 항목에 근거하여 평가		- 평가표 준비

2) 비문학부문을 대상으로 한 독서토의 운영사례 〈교안의 실제 예〉

수업대상	초등학교 6학년	도서명	우리 명절에는 어떤 이야기가 숨어 있을까? (햇살과 나무꾼 글 / 채우리)
수업목표	1. 우리 고유 명절의 의미를 알 수 있다. 2. 우리 조상들의 삶의 지혜와 슬기를 배울 수 있다. 3. 우리 문화의 소중함을 알고, 글로 표현할 수 있다.	준비물	활동지, 도서, 필기도구 등
수업주요 활동단계	주요 활동	시간(분) 70분	비고

도입단계	• 책과 작가에 대한 소개
	• 명절에 대한 브레인스토밍 활동
	• 경험적 질문을 활용한 발문 및 토의
	  1. 여러분은 명절중에 있었던 재미있는 추억이 있나요?
	  2. 여러분도 농사일을 도왔던 적이 있나요?
		15분	

전개단계	• 발문을 통한 독서토의
	  1. 우리의 4대명절은 무엇인가요?
	  2. 입춘에 지낸 '아홉차리'라는 풍습은 왜 생겼나요?
	  3. 우리 조상들은 왜 삼복에 삼계탕과 개장국을 먹
		35분	

	었나요? 　4. 춥고 어두운 동지를 왜 명절로 삼아 즐겼나요? 　5. 우리 조상들의 생활은 왜 농사와 관련이 있을까요? • 학습자 스스로 질문만들기 활동과 토의 • 핵심적 질문을 통한 학습주제파악 　1. 우리 조상들은 왜 명절을 지켜왔나요?		
정리단계	• 토의한 내용을 요약하거나 정리할 수 있는 활동 　1. 우리 조상들의 숨결이 살아있는 우리의 명절이 　　점점 사라지고 있어요. 이렇게 사라지게 놔둘 수 　　는 없을거예요. 여러분도 우리 명절을 지키자는 　　주제로 생각해보고 논술하세요. 　2. '명절을 계속 지켜야하나요?'라는 논제를 갖고 　　자신의 주장글쓰기 　3. 다음 차시 안내 외	20분	
평가	• 학습목표에 맞게 활동했는지 학습자의 상황을 평가 　항목에 근거하여 평가		- 평가표 준비

2. 유형별 독서토론 운영사례

유형별 독서토론 운영은 본서 2장에서도 살펴본 바와 같이 다양한 토론의 유형에 따라 구별하여 토론을 진행한다. 가령 CEDA식, 칼 포퍼식 등의 유형별 독서토론 운영을 의미하며, 독서토론을 여러 유형과 결합하여 운영되는 것을 의미한다. 이미 살펴본 것처럼 토론과정이나 절차, 방식은 매우 융통성을 갖고 있기 때문에 다양한 유형의 독서토론을 운영할 수 있으며 다음에 소개하는 것은 대표적인 CEDA식, 칼 포퍼식 등의 유형별 독서토론 운영에 대한 것이다.

1) CEDA식 독서토론 운영사례 〈교안의 실제 예〉

수업대상	고등학교 1학년 4명(긍정측 2명, 부정측 2명)	도서명	노인과 바다 (어네스트 헤밍웨이 글 / 민음사)
수업목표	논제 : 노인이 사투를 벌이며 물고기를 잡으려한 행동은 옳은가? 1. 삶의 의미에 대해 생각해본다. 2. 목적을 이루기 위한 열정에 대해 생각해본다. 3. 결과보다는 과정이 중요하다는 것에 대해 생각해본다.	준비물	자료 및 메모지, 스톱워치, 벨, 토론순서도 등
수업주요 활동단계	주요 활동	시간(분) 80분	비고
도입단계	• 사회자가 토론자들에게 논제와 쟁점 등과 관련한 사항을 전달하며, 긍정과 부정측 각 토론자를 소개하고, 토론에 대한 규칙이나 전개방식 등에 대해 소개 　1. 지금부터 독서토론을 시작하겠습니다. 　2. 이번 토론의 주제는 '노인이 사투를 벌이며 물고기를 잡으려한 행동은 옳은가?'입니다. 　3. 토론진행은 긍정측 첫 번째 토론자의 입론 및 부정측 두 번째 토론자의 교차조사(반대심문), 부정측 첫 번째 토론자의 입론 및 긍정측 두 번째 토론자의 교차조사(반대심문), 긍정측 두 번째 토론자의 입론 및 부정측 첫 번째 토론자의 교차조사(반대심문), 부정측 두 번째 토론자의 입론 및 긍정측 첫 번째 토론자의 교차조사(반대심문), 그리고 부정측 첫 번째 토론자의 반박(최종변론), 긍정측 첫 번째 토론자의 반박(최종변론), 부정측 두 번째 토론자의 반박(최종변론), 긍정측 두 번째 토론자의 반박(최종변론) 순서로 진행됩니다. 　4. 긍정측 토론자와 부정측 토론자 각각 소개해주시기 바랍니다. 　5. 그럼 긍정측 첫 번째 토론자의 입론으로 시작하겠습니다. 정해진 시간을 지켜주시기 바랍니다.	10분	

전개단계	• 입론과 교차조사를 통한 토론		
	1. 긍정측 첫 번째 토론자의 입론	8분	
	2. 부정측 두 번째 토론자의 교차조사	3분	
	3. 부정측 첫 번째 토론자의 입론	8분	
	4. 긍정측 두 번째 토론자의 교차조사	3분	
	5. 긍정측 두 번째 토론자의 입론	8분	
	6. 부정측 첫 번째 토론자의 교차조사	3분	
	7. 부정측 두 번째 토론자의 입론	8분	
	8. 긍정측 첫 번째 토론자의 교차조사	3분	
정리단계	• 작전 타임 및 최종변론을 통해 긍정 및 부정측의 입장을 정리하여 발표		
	작전타임	10분	
	1. 부정측 첫 번째 토론자의 최종변론	4분	
	2. 긍정측 첫 번째 토론자의 최종변론	4분	
	3. 부정측 두 번째 토론자의 최종변론	4분	
	4. 긍정측 두 번째 토론자의 최종변론	4분	
평가	• 평가항목에 따라 평가		- 평가표 작성

2) 칼 포퍼식 독서토론 운영사례 〈교안의 실제 예〉

수업대상	중학교 1학년 6명(긍정 측 3명, 부정 측 3명)	도서명	트리갭의 샘물 (나탈리 배비트/ 대교출판)
수업목표	논제 : 영원히 사는 것은 바람직하다. 1. 삶과 죽음에 대한 철학적 질문에 대해 생각해본다. 2. 주인공과 자신의 입장을 비교, 생각해본다. 3. 토론을 통한 지식배양과 논리적 사고 및 비판의식을 키운다.	준비물	자료 및 메모지, 스톱워치, 벨, 토론순서도 등
수업주요 활동단계	주요 활동	시간(분) 62분	비고
도입단계	• 사회자가 토론자들에게 논제와 쟁점 등과 관련한 사항을 전달하며, 긍정과 부정 측 각 토론자를 소개하고, 토	10분	

	론에 대한 규칙이나 전개방식 등에 대해 소개 　1. 지금부터 독서토론을 시작하겠습니다. 　2. 이번 토론의 주제는 '영원히 사는 것은 바람직하다'입니다. 　3. 토론진행은 긍정 측 첫 번째 토론자의 입론 및 부정 측 세 번째 토론자의 확인질문, 부정 측 첫 번째 토론자의 입론 및 긍정 측 세 번째 토론자의 확인질문, 긍정 측 두 번째 토론자의 반박 및 부정 측 첫 번째 토론자의 확인질문, 부정 측 두 번째 토론자의 반박 및 긍정 측 첫 번째 토론자의 확인질문, 그리고 긍정 측 세 번째 토론자의 반박과 부정 측 세 번째 토론자의 반박 순서로 진행됩니다. 　4. 긍정 측 토론자와 부정 측 토론자 각각 소개해주시기 바랍니다. 　5. 그럼 긍정 측 첫 번째 토론자의 입론으로 시작하겠습니다. 정해진 시간을 지켜주시기 바랍니다.		
전개단계	• 입론과 확인질문을 통한 토론 　1. 긍정 측 첫 번째 토론자의 입론 　2. 부정 측 세 번째 토론자의 확인질문 　3. 부정 측 첫 번째 토론자의 입론 　4. 긍정 측 세 번째 토론자의 확인질문 　5. 긍정 측 두 번째 토론자의 반박 　6. 부정 측 첫 번째 토론자의 확인질문 　7. 부정 측 두 번째 토론자의 반박 　8. 긍정 측 첫 번째 토론자의 확인질문	6분 3분 6분 3분 5분 3분 5분 3분	
정리단계	• 작전 타임 및 양측 세 번째 토론자들의 반박 　작전타임 　1. 긍정 측 세 번째 토론자의 반박 　2. 부정 측 세 번째 토론자의 반박	8분 5분 5분	
평가	• 평가항목에 따라 평가		- 평가표 작성

1) 대상과 유형에 따른 독서토의, 독서토론을 실제 적용하기 위해 문학과 비문학 도서를 선정하여 토의용 교안과 토론용 교안을 다음의 양식을 활용하여 작성해보자.

- 문학도서를 활용한 독서토의교안

수업대상		도서명	
수업목표		준비물	
수업주요 활동단계	주요 활동	시간(분)	비고
도입단계			
전개단계			
정리단계			
평가	• 학습목표에 맞게 활동했는지 학습자의 상황을 평가 항목에 근거하여 평가		- 평가표 작성

- 비문학도서를 활용한 독서토론교안

수업대상		도서명	
수업목표		준비물	
수업주요 활동단계	주요 활동	시간(분)	비고
도입단계			
전개단계			
정리단계			
평가	• 학습목표에 맞게 활동했는지 학습자의 상황을 평가 항목에 근거하여 평가		- 평가표 작성

CHAPTER 14

독서토론의 실제와 적용 2

1. 입론을 중심으로 살펴보는 독서토론

1) 독서토론 도서 : 『여름이 준 선물』유모토 가즈미 저, 푸른숲. 2005.

『여름이 준 선물』은 일본의 작가 유모토 가즈미의 데뷔작으로 발간되자마자 영화로
상영되기도 하였고, 연극으로 공연되는 등 큰 인기를 끈 작품으로서, 세계 10여 개국에서
번역·출간되기도 하였으며, 일본아동문학가협회신인상, 아동문예신인상, 미국 바첼더 상
등을 수상하기도 했다. 이 책에서 주인공 류, 하라, 모리 세 초등학생들은 죽음에 대해
관심을 갖게 되고, 이를 통해 자신들이 사는 동네에서 곧 죽을 것처럼 보이는 노인을
찾아 죽음이 무엇인지에 대해 살펴보기로 하면서 스토리는 시작된다. 흥미로운 것은 죽음
에 대한 관심에서 시작된 이야기가 결국 노인에 대한 관심으로 전환되면서 독자들에게
관심이 갖는 의미와 역할에 대해 깊이 생각해볼 수 있게 했다는 점에서 좋은 평가점수를
줄 수 있겠다.

2) 독서토의

1차시는 독서토의이다. 토의에 들어가기 전에 먼저 참가자 모두가 책을 정독한 후, 토론 수업의 목표와 주제를 선정하며, 이에 맞는 발문과 교안을 작성해야한다. 또한 교안에 맞는 준비물과 활동지 등을 준비하여야 한다. 여기서 토의진행자는 선생님, 부모, 혹은 토의 참가자 중에서 누구든 가능하다.

다음은 『여름이 준 선물』을 바탕으로 한 독서토의내용을 간단히 정리해보았다.

1차시 : 독서토의

경험나누기

1. 여러분은 죽음에 대해 생각해본 적이 있나요?

2. 여러분은 사람이나 혹은 사물을 관심을 갖고 계속해서 관찰해본 적이 있나요?

책 이해를 위한 발문

1. 아이들은 왜 할아버지의 집을 기웃거리며 들여다보았을까요?

2. 아이들은 왜 할아버지에게 생선회를 갖다 드렸을까요?

3. 할아버지는 왜 창문사이로 손을 내밀어 아이들에게 V사인을 보냈을까요?

4. 아이들은 왜 할아버지가 시키는 대로 했을까요?

궁금한 내용 질문만들기(자기질문 전략)

핵심을 아우르는 질문나누기

1. 할아버지는 왜 가을이 되면 씨를 뿌리자고 했을까요?

주제 정리하기

논제 도출하기

논제 : 류, 하라, 모리가 할아버지를 지켜본 행동은 옳은가?

---

3) 독서토론

토론진행에 앞서 독서토론 진행자는 독서토의에서 도출한 논제를 바탕으로 독서토론 참여자들에게 다음 차시까지 입론, 교차조사 및 반박, 최종변론 등 토론의 방식과 토론과정 등에 대해 숙지토록하고, 주장과 설득을 위한 의견과 근거 등을 조사토록 준비하게 한다. 준비를 마치면 본격적인 토론에 들어간다. 토론에는 본서 12장에서 살펴본 유형별 독서토론에서 살펴본 바와 같이 칼 포퍼식, CEDA식 등 다양한 방식이 존재하므로 적절한 방식을 선택하거나 변형해서 활용해도 무방하다.

다음은 '류, 하라, 모리가 할아버지를 지켜본 행동은 옳은가?'라는 논제를 갖고, 실제 중학교 1학년 학생 4명(찬성 측 토론자 A, B, 반대 측 토론자 C, D)이 참가한 CEDA식 독서토론 내용의 입론부분을 정리한 것이다.

2차시 : 독서토론

논제 : 류, 하라, 모리가 할아버지를 지켜본 행동은 옳은가?
찬성 : 류, 하라, 모리가 할아버지를 지켜본 행동은 옳다.
반대 : 류, 하라, 모리가 할아버지를 지켜본 행동은 옳지 않다.

사회자 : 지난 토의시간에 선정한 논제를 갖고 토론코자 합니다. 논제는 류, 하라, 모리가 할아버지를 지켜본 행동은 옳은가? 아니면 옳지 않은 행동을 한 것일까요? 먼저 찬성 측 A토론자의 입론이 있겠습니다. 진행시간은 3분입니다. 시작하세요.

A토론자 : 할아버지를 지켜본 류, 하라, 모리의 행동은 옳다고 생각합니다. 이 책의 작가가 전해주려고 하는 메시지와도 일맥상통하며, 아이들이 한 행동은 결국 삶을 포기하고 살아가던 할아버지에게 삶에 긍정적인 희망을 주었기 때문입니다. 만일 이 아이들이 할아버지를 지켜보지 않았다면 할아버지는 혼자서 쓸쓸히 생을 마감하고 말았을 것입니다. 지금 우리 주위에도 이와 같은 독거노인들이 많습니다. 독거노인들이 주위에 아무런 관심도 받지 못하고 살다가 혼자서 쓸쓸히 죽었다는 뉴스는 이미 많이 보도되었고, 심지어 아무도 관심을 갖지 않아 돌아가신지 오래도록 그분들의 죽음에 대해 알지도 못하는 인정 없는 사회가 된 것은 누구도 인정할 수 밖에 없는 사실일 것입니다. 비록 류, 하라, 모리가 할아버지에 대한 관심 이전에 죽음에 대해 알기위해 할아버지를

관찰하기 시작했던 것은 인정합니다. 그러나 그러한 관찰이 결국 할아버지에 대한 관심과 사랑으로 발전할 수 있었기에 좋은 결과를 가져올 수 있었던 것입니다. 따라서 류, 하라, 모리가 할아버지를 지켜본 행동은 옳다고 주장합니다.

사회자 : 다음은 반대 측 D토론자의 입론이 있겠습니다. 진행시간은 3분입니다.

D토론자 : 저는 A토론자의 생각과는 반대로 류, 하라, 모리가 할아버지를 지켜본 행동은 옳지 않다고 생각합니다. 그 이유는 앞서 A토론자께서도 인정하셨듯이 아이들은 할아버지에게 다가간 것은 관심이나 사랑이 아니라 죽음이라는 것이 무엇인지 알고 싶어서 가장 병약하고 곧 돌아가실 만한 분을 찾다가 할아버지를 발견하고 관찰하기 시작한 것에 불과합니다. 이것은 관찰대상인 할아버지의 인권이나 사생활 침해입니다. 만일 여러분이 할아버지의 입장이었다면 어떤 기분이 들었을까요? 시도 때도 없이 창문 틈으로 자신을 지켜보는 아이들이 과연 귀엽기만 했을까요? 그래도 아이들이니까 그렇다고 인정해도 만일 성인이 그런 일을 했다고 생각하면 자신의 재산이나 목숨을 노리는 것은 아닐까 걱정하거나 무서웠을 것입니다. 관심은 상대방을 배려하는 것에서 시작하는 것입니다. 물론 이 책에서는 결과적으로 아이들의 관찰이 관심과 사랑으로 연결되어 따뜻한 결말을 맺지만 아이들의 관찰이 오히려 상대를 귀찮게 하거나 사생활침해를 하는 피해를 주었다면 오히려 역효과를 내지 않았을까 생각해봅니다. 상대를 배려하지 않은 관심은 '스토커'나 '악성댓글'과 같은 잘못된 형태로 변형되어 영국 다이애나비의 죽음이나 악성댓글을 보고 고통 속에 살아가거나 심지어 삶을 포기하는 사례도 있는 것입니다. 류, 하라, 모리는 할아버지를 먼저 배려하면서 관심을 갖은 것이 아니었기에 이들의 행동은 옳지 않은 것입니다. 따라서 아이들의 행동은 옳지 않다고 주장합니다.

사회자 : 모두 좋은 내용의 발표였습니다. 자신의 주장에 입각하여 이유와 적절한 설명, 그리고 그것을 뒷받침할 만한 논거가 잘 드러나서 설득력을 가질 수 있었습니다. 이렇게 설득하기 위해서는 적절한 주장과 논거가 뒷받침되어야합니다. 〈이하 생략〉

2. 확인질문(교차조사) 및 반박을 중심으로 살펴보는 독서토론

1) 독서토론 도서 : 『어디로 갔을까 나의 한쪽은』 쉘 실버스타인 저, 시공주니어. 2000.

쉘 실버스타인(1932~1999)은 작가이자 일러스트레이터, 시인, 음악가로 폭넓은 예술 활동을 하였으며, 그의 작품은 어린이들뿐만 아니라 어른들도 더불어 소중한 감동을 느낄 수 있는 깊은 성찰과 철학을 담아내고 있다. 1964년에 출판된 『아낌없이 주는 나무』는 그의 대표적인 책으로 손꼽힌다. 작가는 『아낌없이 주는 나무』를 통해 진정한 사랑에 대해 이야기하려고 했다면, 그의 또 다른 대표작인 『어디로 갔을까 나의 한쪽은』을 통해 인생의 의미에 대해 다루고 있다.

2) 독서토의

1차시는 독서토의이다. 토의에 들어가기 전에 먼저 참가자 모두가 책을 정독한 후, 토론 수업의 목표와 주제를 선정하며, 이에 맞는 발문과 교안을 작성해야한다. 또한 교안에 맞는 준비물과 활동지 등을 준비하여야 한다. 여기서 토의진행자는 선생님, 부모, 혹은 토의 참가자 중에서 누구든 가능하다.

다음은 『어디로 갔을까 나의 한쪽은』을 바탕으로 한 독서토의내용을 간단히 정리해보 았다.

1차시 : 독서토의

경험나누기

1. 여러분도 무언가 부족하다고 느꼈던 적이 있나요?
2. 여러분도 여행을 떠나본 적이 있나요?

책 이해를 위한 발문

1. 이가 빠진 동그라미는 왜 길을 떠났을까요?
2. 동그라미는 길을 떠나 자신의 조각을 찾으려가는 나날들이 왜 꿈같이 행복하다고 했나요?
3. 조각은 왜 나는 그저 하나의 조각일 뿐이라고 했나요?

---

4. 짝을 찾은 동그라미는 왜 예전보다 빨리 굴러갔을까요?

궁금한 내용 질문만들기(자기질문 전략)

핵심을 아우르는 질문나누기

1. 자신의 잃어버린 짝을 찾은 동그라미는 "이제야 알겠다"고 하면서 왜 자신의 조각을 살며시
   내려놓았나요?

주제 정리하기

논제 도출하기

논제 : 자신의 잃어버린 짝을 찾은 동그라미가 자신의 조각을 살며시 내려놓은 행동은 옳은가?

3) 독서토론

토론진행에 앞서 독서토론 진행자는 독서토의에서 도출한 논제를 바탕으로 독서토론 참여자들에게 다음 차시까지 입론, 교차조사 및 반박, 최종변론 등 토론의 방식과 토론과정 등에 대해 숙지토록하고, 주장과 설득을 위한 의견과 근거 등을 조사토록 준비하게 한다. 준비를 마치면 본격적인 토론에 들어간다.

다음은 '자신의 잃어버린 짝을 찾은 동그라미가 자신의 조각을 살며시 내려놓은 행동은 옳은가?'라는 논제를 갖고, 실제 중학교 2학년 학생 4명(찬성측 토론자 A, B, 반대측 토론자 C, D)이 참가한 CEDA식 독서토론 내용의 확인질문(교차조사) 및 반박부분을 정리한 것이다.

2차시 : 독서토론

논제 : 자신의 잃어버린 짝을 찾은 동그라미가 자신의 조각을 살며시 내려놓은 행동은 옳은가?
찬성 : 동그라미의 행동은 옳다.
반대 : 동그라미의 행동은 옳지 않다.

사회자 : 부정 측 D토론자의 입론에 이어 다음은 긍정 측 A토론자의 교차조사가 있겠습니다. 진행시간은 3분입니다. 시작하세요.

A토론자 : 앞서 D토론자께서는 입론에서 자신의 잃어버린 짝을 찾은 동그라미가 자신의 조각을 살며시 내려놓은 행동이 조각에게는 아무런 언급도 없이 자신의 생각대로만 행동하는 것이기 때문에 옳지 않다라고 하셨는데 맞습니까?

D토론자 : 네, 맞습니다.

A토론자 : 조각을 무엇이라고 보십니까?

D토론자 : 조각도 책에서와 같이 인정받아야할 독립적인 대상이라고 생각합니다. 동그라미는 그러한 조각에게 아무런 말도 없이 내려놓고 가버린 것은 상대를 존중하지 않고 자신의 안위만 생각하는 것은 지나친 행동입니다.

A토론자 : 하지만 동그라미는 계속 굴러가는 상황에서 그 조각을 버리지 않으면 삶의 여유와 사회적 관계성을 모두 잃게 되는 삶을 살아야했기에 어쩔 수 없이 한 행동이라고 보는데 이것에 대해 어떻게 생각하나요?

D토론자 : 물론 어쩔 수 없는 상황이기에 조각을 내려놓을 수밖에 없다고 봅니다. 그러나 마치 도망치듯이 조각에게 변명이나 이해를 구하지 않았다는 것이 문제입니다.

A토론자 : 오히려 조각에게 말하면 조각에게 큰 실망감과 아픔을 주는 것은 아닐까요?

D토론자 : 그럴 수도 있겠습니다만 반대로 무슨 영문인지도 모르면서 자신을 내려놓고 떠난 동그라미의 모습에서 현재 우리 사회에서 벌어지고 있는 갑을관계를 떠올릴 수 있습니다.

A토론자 : 동그라미를 갑으로 보셨는데 근거는 무엇인가요?

D토론자 : 책에서도 조각은 선택되어지는 수동적인 존재이며 동그라미를 고르고 선택할 형편으로 그려지고 있지 않습니다. 반면 동그라미는 여러 조각들을 만나 맞추어보기도 하고 내려놓기도 한다는 사실에서 동그라미가 갑의 입장이라고 생각되는 것입니다.

A토론자 : 하지만 입장을 바꾸어 생각해서 동그라미가 조각을 배려한 것은 아닌가요? 자신을 만나서 계속 쉼 없이 굴러가야하는 삶을 살아야한다는 것에서 오히려 조각을 배려하기 위한 것으로도 해석할 수 있을 것 같은데요.

D토론자 : 조각을 배려했다기 보다는 자신의 입장에서만 생각한 것입니다. 그렇기 때문에 살며시 내려놓고 간 것은 아닌가 생각합니다.

A토론자 : 그렇다면 책 내용으로 돌아가서 조각은 어떤 삶을 살았을까요?

D토론자 : 조각은 동그라미에게 버림을 받아 어려운 삶을 살았다고 생각합니다. 배신감이 들었을 수도 있었을 것입니다.

A토론자 : 하지만 오히려 조각은 동그라미에게 예속되어진 삶이 아니라 자신의 삶을 주도적으로 행복하게 살아가지 않았을까요?

D토론자 : 그런 논리라면 왜 살며시 내려놓고 떠났을까요? 그것은 분명 조각에게 마음의 상처를 줄 것이라는 전제가 있었기에 그런 행동을 한 것이라고 생각합니다.

A토론자 : 오히려 동그라미는 책에서도 보듯이 지나온 인생의 과정을 통해 남을 배려하고 입장을 이해하는 것을 깨닫고 배웠기 때문이라고는 생각하지 않습니까?

D토론자 : 물론 그렇게 생각할 수도 있습니다. 그렇지만 그런 깨달음을 통해 조각에게는 아무런 배려 없이 자신만의 삶을 위해 조각을 내려놓고 떠난 것은 옳지 않은 행동임에 틀림이 없습니다.

〈이하 중략〉

3. 최종변론을 중심으로 살펴보는 독서토론

1) 독서토론 도서 :『자전거 도둑』박완서 저, 다림. 1999.

박완서 작가의 단편소설 중에서도 가장 백미라 할 수 있는 작품이 바로『자전거 도둑』이다. 뜻하지 않게 자전거 도둑이 되어버린 어린 수남이를 통해 어떤 것이 옳은 것이고 또 어떤 것이 바람직한 것인지를 판단하게 해주는 가치관의 중요성을 알게 해주는 작품이다. 세상은 점점 다양화되고 복잡해지면서 어느 것이 옳고 그른지, 또 어떤 선택을 해야 바람직한 것이지 어려운 시대가 되었다. 절대적이고 보편적인 것은 없다고 주장하는 이들도 등장하는 요즈음에서 인간이 과연 어떤 기준으로 어떻게 살아가야 하는가에 대한 질문에 대해 이 작품은 그 답을 제시하고 있다.

2) 독서토의

1차시는 독서토의이다. 토의에 들어가기 전에 먼저 참가자 모두가 책을 정독한 후, 토론 수업의 목표와 주제를 선정하며, 이에 맞는 발문과 교안을 작성해야한다. 또한 교안에 맞는 준비물과 활동지 등을 준비하여야 한다. 여기서 토의진행자는 선생님, 부모, 혹은 토의 참가자 중에서 누구든 가능하다.

다음은 『자전거 도둑』을 바탕으로 한 독서토의내용을 간단히 정리해보았다.

1차시 : 독서토의

경험나누기

1. 내가 좋아했거나 믿었던 사람에게 실망한 적이 있나요?

2. 남의 것을 갖고 싶었던 적이 있나요?

책 이해를 위한 발문

1. 수남이는 왜 단골손님들에게 인기가 있었을까요?

2. 자전거를 들고 달리면서도 수남이는 왜 조금도 안 무거웠을까요?

3. 수남이가 주인 영감님에게 정이 떨어진 이유는 무엇이었을까요?

4. 수남이는 왜 짐을 쌌을까요?

궁금한 내용 질문만들기(자기질문 전략)

핵심을 아우르는 질문나누기

1. 결심을 굳힌 수남이의 얼굴은 왜 누런 똥 빛이 가시고, 소년다운 청순함으로 빛났을까요?

주제 정리하기

논제 도출하기

논제 : 수남이는 자전거 도둑이라고 할 수 있는가?

---

3) 독서토론

토론진행에 앞서 독서토론 진행자는 독서토의에서 도출한 논제를 바탕으로 독서토론 참여자들에게 다음 차시까지 입론, 교차조사 및 반박, 최종변론 등 토론의 방식과 토론과정 등에 대해 숙지토록하고, 주장과 설득을 위한 의견과 근거 등을 조사토록 준비하게 한다. 준비를 마치면 본격적인 토론에 들어간다.

다음은 '수남이는 자전거 도둑이라고 할 수 있는가?'라는 논제를 갖고, 실제 초등학교 5학년 학생 4명(찬성측 토론자A, B, 반대측 토론자C, D)이 참가한 독서토론 내용의 최종 변론부분을 찬성 측과 반대 측의 입장에서 각각 정리한 것이다.

2차시 : 독서토론

논제 : 수남이는 자전거 도둑이라고 할 수 있는가?
찬성 : 수남이는 자전거 도둑이라고 할 수 있다.
반대 : 수남이는 자전거 도둑이라고 할 수 없다.

사회자 : 그럼 먼저 반대 측 D토론자의 최종변론이 있겠습니다. 진행시간은 3분입니다. 시작하세요.

D토론자의 최종변론 : 수남이는 순수하고 영혼이 맑은 소년입니다. 아버지와의 약속을 지키기 위해 노력하는 수남이는 욕심과 거짓에 물들어 있는 세상에서 나름 최선을 다해 올바른 가치관을 지키려는 모습을 보여줍니다. 입론에서도 언급했던 것처럼 수남이는 자전거를 도둑질한 것이 자신의 뜻과는 거리가 멀었습니다. 주위의 사람들이 도망가라고 부추겼고 또한 자동차에 흠을 낸 것도 수남이가 일부러 한 것이 아니라는 점에서 수남이는 아무런 잘못이 없습니다. 특히 아직 어리고 순수한 아이에게 어른들의 강요와 질책은 수남이에게는 큰 부담과 혼란을 주었을 것입니다. 특히 수남이는 자신이 한 행동에 대해 후회하고 자신이 아버지와 약속했던 가치관을 어긴 것은 아닌지 걱정하는 모습에서도 수남이는 이미 죄가 없습니다. 물론 찬성 측에서 지적한 바와 같이 남의 말만 듣고 자전거를 갖고 도망친 것에 대해서 문제를 삼을 수도 있지만 앞서 언급한 것처럼 아직 어린 아이이며 갑작스런 상황에서 이루어진 행동이었을 뿐입니다. 또한 자전거 옆에 차를 주차시킨 것은 어디까지나 바람에 의해 자전거가 넘어져 자신의 차에 손해를 입힐 것이라는 예상을 못한 자동차주인에게도 분명히 책임이 있는 것입니다. 그럼에도 끝까지

자신의 행동에 대해서 책임지려는 수남이의 모습에서 수남이에게 도둑이라는 손가락질을 해서는 안 될 것입니다. 『레미제라블』의 장발장도 더 이상 도둑질을 하지 않겠다고 하나님과 약속한 자신의 가치관을 지키려고 노력한 것과 마찬가지로 수남이는 자신의 가치관을 지키기 위해 고향으로 떠나는 그의 모습에서 수남이는 결코 도둑이 아니라는 것을 알 수 있습니다. 이러한 사실에서 저희 반대 측은 수남이가 자전거도둑이 아니라는 것을 분명히 밝힙니다.

사회자 : 그럼 찬성 측 B토론자의 최종변론이 있겠습니다. 진행시간은 3분입니다. 시작하세요.

B토론자의 최종변론 : 수남이는 당연히 자전거 도둑이라 할 수 있습니다. 엄연히 수남이의 자전거로 말미암아 자동차에 흠이 생겼고 어느 정도의 책임은 수남이에게도 있기 때문입니다. 바람이 분다는 사실을 수남이도 인지했을 것이고 혹 자신의 자전거가 바람에 넘어지거나 쓰러져 다른 사람이나 물건에 문제가 생기지는 않을지에 대해 생각해보았어야 합니다. 그럼에도 수남이는 아무렇게나 자전거를 방치하였고 결과적으로 남에게 피해를 입힌 것이므로 수남이는 자동차주인에게 배상을 해야 할 책임이 있는 것입니다. 문제는 주인영감님과 상의를 해서 자전거를 되찾으려는 노력없이 자전거를 가지고 도망한 그 행동자체는 문제가 있으며 이것이 도둑이 될 수 밖에 없는 이유가 되는 것입니다. 반대 측에서도 지적한 것처럼 수남이는 아직 어린아이이며 특히 주변에서 도망가라고 부추겼다고 했는데 물론 수남이는 미성년자이며 자신의 판단이 아직 미흡한 청소년인 것에 대해서는 인정합니다. 하지만 다양한 해결방법을 모색해보지도 않고 무조건 주변에서 시키는 대로 도망을 간 것은 분명히 잘못된 것입니다. 또한 수남이는 자전거를 갖고 도망가면서 마음속에서 범죄를 저지르며 느끼는 일종의 쾌감을 느꼈다는 점에서 더더욱 수남이의 행동이 잘못되었다는 것은 부인할 수 없는 것입니다. 단지 어리다는 것으로 수남이의 행동을 그대로 넘겨버린다면 수남이는 또 다른 잘못을 저지를 가능성이 있으므로 이것은 분명 잘못된 행동이라고 정확하게 지적하고 반성해서 다시는 이런 일을 하지 않도록 하는 것이 더 나은 것이라고 생각하기에 저희 찬성측은 수남이의 행동에 대해 자전거 도둑이 분명하다는 것을 밝힙니다. 이상입니다.

1) 실제로 책을 한 권 선정하여 토론과정에 따른 독서토론을 진행해보자.

① 책 명 :

② 토론의 대상 정하기 :

③ 토론의 유형 정하기 :

④ 토론의 유형에 따른 토론자 선발하기 : 찬성 측   명, 반대 측   명

⑤ 논제 정하기 :

⑥ 교안 작성하기 :

⑦ 입론하기 :

⑧ 확인질문 및 반박하기 :

⑨ 최종발언하기 :

⑩ 평가하기 :

유대인들은 자신이 말할 수 없는 것은 진정한 자신의 지식이 아니라고 강조한다. 이 말은 자신이 갖고 있는 지식은 반드시 말로서 표현되어야 한다는 의미이기도 하며 결국 말하기와 듣기를 통해서 자신이 습득한 지식을 이해하고 자신의 것으로 정교화하였는지에 대한 확인이 가능하다고 할 수 있다. 말하기와 듣기는 토의와 토론에서 가장 기본이 되는 기초학습능력이 되는 것이므로 토의와 토론을 통한 활동은 말하기, 듣기의 기초학습능력을 성장시킬 뿐만 아니라 보다 심화된 학습활동으로 이행하는 유용한 활동이다.

서양문화권에서는 자신의 생각을 분명히 말로 표현하는 것이 일상화되어 있고, 학교에서도 발표와 토론이 학습방법의 주된 교육테크놀로지로 자리잡아 왔지만 우리나라를 포함한 동양문화권에서는 말을 많이 하거나 직접적으로 혹은 직설적으로 자신의 생각을 드러내는 것을 좋지 않게 여겨온 것이 사실이기에 학교에서 질문을 자주하거나 상대방의 주장에 반론이 있어도 반박하지 않는 것을 오히려 당연한 것으로 인식하고 있는 상황하에서 토론활동이 무엇보다 필요한 시점이라 생각된다.

토론과 관련한 책들은 많이 찾아볼 수 있고, 다양한 종류의 서적들이 서점가의 책꽂이를 장식하고 있지만 독서토론대회를 개최하기도 하고, 독서토론관련 강의를 진행하는 교수자의 입장에서 독서토론의 개념과 의미, 독서토론이 갖는 역할과 중요성, 그리고 실제 독서토론진행을 위한 효율적인 tip이 필요하다고 판단하여 학교에서 교재로 활용할 수 있으며, 독서토론에 관심이 있는 독자들을 위해 독서토론의 기본지침서가 될 수 있는 책자를 발간키로 결정하여 이렇게 책으로 발간할 수 있게 된 것이다.

철학자 프란시스 베이컨은 "독서는 완전한 사람을 만들고, 토론은 부드러운 사람을, 글쓰기는 정확한 사람을 만든다."고 강조하였듯이 독서활동 자체만으로도 훌륭한 교육이 될 수 있는데 이러한 독서와 토론을 접목시켜 더 큰 교육목표를 달성하는 것이 바로 독서토론이다. 더욱이 토론을 위해서는 질문을 미리 작성하거나 입론을 위한 주장글, 논증을 위한 논거정리, 상대방 토론자의 입론 및 오류 등의 내용을 글로 정리하는 등 독서토론에서의 글쓰기도 유용하게 활용된다. 이처럼 독서토론은 독서와 토론 그리고 글쓰기의 모든 활동을 포함한 활동이며 이를 통해 형성된 지식과 기초학습능력이 보다 심화된 영역으로 전이하도록 도와준다.

독서토론활동을 통해 논리적, 비판적 사고와 같은 사고력 향상뿐만 아니라 창의, 인성의 역량을 성장시킬 수 있으며, 협동활동을 통해 리더십과 발표력, 지적 능력을 향상시키는 도구로 활용할 수 있다. 이 책은 초, 중, 고등학교 페다고지 영역의 형식학습을 비롯해 대학교 이상의 평생교육에 도움이 될 수 있도록 엮었다. 학생 당사자만이 아니라 교수자, 부모, 토론대회 준비를 앞둔 담당교사, 토론에 관심을 둔 모든 분들에게 도움이 되었으면 하는 바람이다.

미래는 준비하는 자의 것이라고 생각한다. 가끔 학생들에게 책을 많이 읽은 사람과 전혀 책을 읽지 않은 사람은 어떤 미래를 맞이할지에 대한 물음을 던지곤 한다. 대부분의 학생이 당연히 책을 많이 읽은 학생이자신의 꿈을 이루고 나아가 멋진 삶을 살 것이라고 대답한다. 이렇듯 책을 읽으면 좋다는 것은 상식이 되어버린 지 오래이지만 현실은 정반대의 상황을 보여준다. 한 가구당 책을 구입하는 도서구입비가 해가 갈수록 떨어져 최근 통계치를 보면 1인 가구당 1만6천원대를 가리키고 있다. 반면 가구당 외식비에는 20만원이 훨씬 넘는 돈을 아낌없이 지출하고 있다는 통계에 마음이 무겁다.

얼마전 미국 뉴욕의 모 일간지는 한국의 낮은 독서율을 지적하면서 그러면서도 노벨문학상을 원하는 모순을 범한다고 우리의 독서현실에 대해 비꼬는 기사를 게재한 적이 있다. 국제과학학술지인 「네이처」도 한국인의 조용하고 보수적인 문화도 걸림돌이라고 지적했다. 창의적인 아이디어가 나오려면 연구실에서 활발한 토론이 이뤄져야 하는데, 한국인 연구자들은 너무 조용하다는 것이다. 이러한 기사를 읽으면서 얼마나 얼굴이 화끈거렸는지 모른다. 가면 갈수록 독서율은 떨어지고 스마트폰에 빠지거나 PC용 게임이나 영상에 중독되어 가는 청소년들이 늘어만 가고 있는 현실을 누군가 아니라고 이것은 단지 일부분에 불과하다고 부인해주면 좋겠다는 생각이 드는 것은 필자만의 생각은 아닐 것이다.

독서는 중요하다고 하면서도 시험공부와 원하는 대학을 들어가기 위해서는 책을 읽지 말라고 하는 모순된 현실에서 '독서토론이 중요하니 책 읽고 토론하시오'라는 외침도 공허하게 들릴 수 있을 것이라는 의구심도 한편으로 들지만 그래도 누군가는 이 책을 통해 독서의 중요성, 토론의 필요성 그리고 실제 독서토론을 통해 성장해가는 상황이 연출되기를 바라는 마음에서 이 책을 내는데 주저하지 않았다. 영화감독이 천만명 이상의 관객이 감상하는 영화를 만들고 싶어하는 것처럼 필자는 이 책을 쓰면서 많은 이들이 읽고 도움이 되었으면 하는 바람이라면 너무 큰 욕심일까?

'토론'은 책 본문에서도 언급했지만 상대방과의 싸움이 아니다. 앞서 베이컨도 부드러운 사람을 만드는 것이 토론이라고 했듯이 토론은 예의를 갖추고 상대방을 배려하는 마음자세를 가져야만 비로소 진정한 토론이 가능한 것이다. 상대방의 지적에 수긍할 것은 수긍하고 잘못된 부분은 고쳐가는 것이 토론을 통해 얻을 수 있는 나의 성장이다. 그렇기에 토론은 올바른 인성을 형성시키고 혼자가 아닌 남을 배려하는 예절을 배울 수 있는 유용한 활동이라는 것을 또다시 강조하고 싶다. 상대방을 비난하거나 흠집을 내는 것은 토론이 아니다. 종종 토론이라는 이름을 걸고 나오는 토론자들을 보면 안타까울 때가 많다. 전혀 상대방에 대한 예절이나 배려는 없고 자신만의 주장만 옳다고 외치기 때문이다.

이 책이 나오기까지 먼저 하나님께 감사의 말씀을 올린다. 그리고 함께 글을 쓴 경민대학교 김현경 교수님께도 감사의 말을 전하고 싶다. 동역자로서 또 하나님을 경외하는 신앙인으로서만이 아니라 '독서교육'이라는 영역에서 뜻을 같이하기가 그리 쉽지 않음에도 이렇게 책을 같이 냈다는 사실만으로도 든든하고 감사하다.

또한 늘 내 곁에서 묵묵히 내조하는 사랑하는 아내와 첼로와 성악으로 틈틈이 영혼을 맑게 해주는 두 딸 주희, 정연이에게도 사랑한다는 말을 전하고 싶다. 그리고 석사, 박사 동기들과 선후배들의 열렬한 응원에도 감사드린다. 아무쪼록 이 책을 읽은 독자 중에서 독서토론이 이런 것이고 독서토론을 한번 해보고 싶다는 동기부여 역할만 해도 성공이 아닐까 싶다.

2016년 9월

배 철 우

1. 독서토의의 대화, 문답사례

대상작품 : 아빠에게 돌 던지는 아이 (고정욱 글 / 중앙출판사)

대상학년 : 중학교 1학년

사회자 : 배철우

토론참석자 : 윤영하, 서준우, 노두성

사회자 : 다음의 대화를 역할을 맡아 읽어보고, 철우는 무엇이라고 말하거나 생각했는지
를 발표해보세요.

흰머리 할아버지 : 에헴, 에헴! 우리 마을이 생긴 지 삼백 년 이래 손가락 하나, 머리털
한 터럭 이상한 사람이 나온 적이 없소. 그런데 갑자기 외지 사람이,
그것도 벙어리가 허락도 없이 마을에 들어와 살다니 있을 수 없는
일이야!

노인1 : 암, 그렇고 말고……

노인2 : 작년엔가 회곡리에 장애인 복지관인가 뭔가 들어온다고 해서 땅값 떨어진다고
데모하고 난리였잖아.

노인3 : 그리고 그 복지관 들어온 뒤로 홍수 때 산사태 나서 그 동네 사람 하나 물에
떠내려간 건 어떻고?

노인들 : 맞아, 맞아.

흰머리 할아버지 : 게다가 이 집은 우리 마을을 처음으로 일군 김충성 공 집안 사람들이

살던 유서깊은 종갓집이오. 여기에 어떻게 외지사람이 살 수 있단 말이야.

철우엄마 : 어르신들, 저희들 절대로 이웃에 해 끼치지 않고 살겠습니다. 도와주세요. 저희는 이 집에서 나가면 갈 곳이 없습니다. 제발 살려주세요. 여기에 농사지으러 왔습니다.

철우 : _____

윤영하 : 맞아요. 우리가 여기 와서 나쁜 짓하는 것도 아니잖아요.

서준우 : 장애가 있어도 아무런 피해를 끼치지 않을 수 있어요. 그러니 여기서 살게 해 주세요.

노두성 : 제발 도와주세요.

배경지식과 경험적 질문을 통한 독서토의, 토론활동

사회자 : 여러분도 청각장애인을 본 적이 있나요?

윤영하 : 우리 반에 청각장애를 가진 친구가 있어요.

사회자 : 선생님의 말씀을 들을 수 있나요? 수업진행이 어려울텐데.

윤영하 : 완전히 못 듣는 것이 아니라 보청기를 끼면 어느 정도는 들을 수 있나봐요. 친구들의 목소리도 아주 가깝게 다가가서 말해야만 알아들을 수 있어요.

사회자 : 그 친구가 어떤 어려움을 가질 것 같은가요?

윤영하 : 좋아하는 음악이나 영화를 보는 것이 어려울 것 같아요.

사회자 : 준우도 청각장애인을 본 적이 있나요?

서준우 : 영하가 말한 아이를 저도 본 적이 있구요, 다른 사람으로는 책에서 읽은 베토벤을 들 수 있어요.

사회자 : 베토벤이 어떤 어려움이 있었는지 알고 있나요?

서준우 : 작곡가로서 또한 음악가로서 갑자기 귀가 들리지 않게 되었을 때 너무나 큰 충격이었을 것 같아요. 하지만 그럼에도 불구하고 자신만의 음악세계를 계속 걸어갔다는 것이 정말 대단한 것 같아요.

사회자 : 아무리 장애를 갖고 있더라도 충분히 이겨낼 수 있다는 거군요. 준우도 만일 그런 일이 벌어진다면 어떻게 대처할 거라고 생각하나요?

서준우 : 처음에는 큰 충격을 받겠지만 저도 이겨낼 거라고 생각해요. 전 의지가 강하거든요.

사회자 : 그렇군요. 그럼 두성이는 청각장애인을 본 적이 있나요?

노두성 : 저는 아직 직접 청각장애인을 본 적은 없구요 저도 준우처럼 책에서 청각장애를 가진 위인을 알고 있어요.

사회자 : 그 위인이 누구인가요?

노두성 : 헬렌켈러예요. 헬렌켈러는 청각장애뿐만 아니라 시각도 장애를 가져서 아마 더 힘들지 않았나 생각되요. 그런 헬렌켈러를 훌륭하게 이끌어낸 셜리반선생님이 대단하신 것 같아요.

사회자 : 두성이는 셜리반 선생님의 입장이라면 어떻게 했을 것같나요?

노두성 : 아마 저는 포기하지 않았을까 생각해봐요. 그래서 셜리반선생님이 더욱 대단하신 것 같아요.

책에 대한 분석적, 추가적 질문을 통한 독서토의, 토론활동

사회자 : 책과 관련해서 몇가지 발문을 통해 책에 대해 보다 이해를 넓혀가도록 해요. 우선 첫 번째 질문으로 행문리 마을 사람들은 왜 철우네가 이 마을로 오는 것을 탐탁치 않게 여겼나요?

윤영하 : 철우 아빠가 장애를 가졌기 때문이에요.

사회자 : 장애를 가졌는데 왜 이 마을에 오지 못하게 한 것이죠?

윤영하 : 마을사람들의 잘못된 고정관념이 아닐까 생각되어요. 흔히 장애인에 대한 차별이나 겉모습만 보고 사람을 낮게 평가하는 그런 잘못된 편견이 그런 행동으로 이어진 것이 아닌가 생각됩니다.

서준우 : 저는 지역이기주의 때문에 그렇다고 생각해요. 흔히 님비현상과 같이 혐오시설을 자신의 지역에 오지 못하게 하는 것과 비슷한 것 같아요.

사회자 : 님비현상이 무엇인지 정확하게 말해줄 수 있나요?

서준우 : Not In My Back Yard의 줄임말로 혐오스런 시설이나 기관을 자신의 지역에 오지 못하게 하는 것을 지칭하여 지역이기주의를 대표하는 말입니다.

사회자 : 정확하게 알고 있군요. 앞서 역할을 맡아 읽었던 내용에서도 비슷한 지역 이기주의적 사고를 가진 노인의 말이 생각나네요.

노두성 : 영하와 준우의 의견에 동의합니다. 좀 더 제 생각을 덧붙이면 이 마을사람들은 배려심보다는 자신을 먼저 생각하고 사랑을 주려는 마음은 없는 것 같아요. 특히 겉만 보고 사람을 판단하는 면이 좋지 않은 것 같아요.

사회자 : 다들 좋은 의견을 말해준 것같아요. 그럼 두 번째 질문을 해볼께요. 철우는 왜 아빠에게 돌을 던졌나요?

서준우 : 아빠는 듣지 못하는 장애인이니까 자신이 온 것을 알리기 위해 돌을 던졌어요.

사회자 : 그래도 아빠에게 돌을 던지는 것은 위험하지 않을까요?

서준우 : 아빠에게 돌을 던진 것이 아니라 아빠 주변에 돌을 던져 자신이 온 것을 알리기 위한 것입니다.

사회자 : 직접 아빠한테 가서 알려도 되지 않을까요?

윤영하 : 시간을 벌기 위해 돌을 던진 것이라고 생각합니다. 왜냐하면 아빠가 일하는

곳까지 가려면 많은 시간이 들고 효율성이 떨어지기 때문이죠.

노두성 : 제가 철우라 해도 그렇게 했을 것 같아요. 매번 아빠한테 밭 안쪽까지 가는 것도 무리가 있다고 생각해요.

사회자 : 하지만 남들이 겉으로 볼 땐 오해를 살만하겠는데요?

노두성 : 말씀을 들어보니 귀찮더라도 직접 부르러가는 것이 나을 수 있겠네요.

사회자 : 그렇다면 철우는 왜 돌던지는 연습을 하였나요?

윤영하 : 아빠를 맞추지 않기위해서입니다.

서준우 : 야구에서도 제구력을 갖기 위해 훈련하는 것처럼 영하 말처럼 아빠를 맞추지 않기 위해 제구력을 쌓기 위해서라고 생각됩니다.

노두성 : 그만큼 철우는 아빠를 사랑하기 때문이라고 생각되네요.

사회자 : 철우는 자신의 돌팔매로 새가 죽자 왜 큰 충격을 받았나요?

노두성 : 철우의 성격은 순수하고 착해서 자신의 행동에 죄책감을 느꼈을 것 같아요.

서준우 : 특히 자신의 손에 생명을 잃게 한 것이 여린 철우의 마음에 아픔을 주지 않나 생각됩니다.

윤영하 : 준우 말처럼 철우는 생명을 소중히 여기는 마음이 있는 것 같아요. 특히 지금까지 피해를 입고 살았던 철우의 경험이 오히려 남에게 피해를 준 행동을 받아들이기 어려웠을 것이라고 생각해요.

사회자 : 여러분들도 혹시 철우처럼 곤충이나 동물의 생명을 해한 적이 있나요?

노두성 : 초등학교 저학년때 잠자리나 개미를 죽여본 적이 있어요.

윤영하 : 저는 파리나 모기같은 해충을 모기약같은 것으로 죽였어요. <웃음>

서준우 : 확실히는 기억나지 않지만 저도 비슷한 경험을 한 것같아요. 하지만 죄책감을 느낄 만큼은 아닌 것 같아요.

사회자 : 밭에서 일하시던 아빠는 왜 쓰러지셨나요?

윤영하 : 철우가 던진 돌에 머리를 맞아 쓰러지셨어요.

노두성 : 돌에 맞은 것도 어느 정도는 영향이 있겠지만 머릿속에 자라고 있던 뇌종양의 영향이 아닐까 생각됩니다.

서준우 : 영하와 두성이의 말처럼 철우의 돌에 맞기는 했지만 쓰러질 정도의 피해를 준 것은 뇌종양 때문이라고 생각합니다. 어찌 되었든 돌과 뇌종양 모두 영향을 준 것이 아닐까 생각해요.

사회자 : 만일 철우가 아빠를 맞추지 못했다면 어떻게 되었을까요?

서준우 : 오히려 전화위복이 된 것 같아요. 만일 그랬다면 뇌종양을 초기에 발견하지 못해 치료할 시기를 놓칠 수도 있잖아요.

노두성 : 맞아요. 철우의 아빠가 더 큰 위험에 처하게 될 뻔했어요.

사회자 : 그럼 철우가 아빠에게 돌을 던진 것과 잘못해서 아빠를 맞춘 일은 결과적으로 잘 한일이라고 생각하나요?

윤영하 : 하지만 뇌종양이 없을 경우라면 철우가 큰 실수를 한 것도 사실이므로 철우에게 도 잘못은 있다고 생각합니다.

사회자 : 철우의 행동에도 문제가 있다고 생각하는 것인가요?

윤영하 : 악한 감정으로 아빠에게 돌을 던진 것은 아니므로 일종의 실수로 여길 수 있습니다. 누구나 실수를 할 때가 있으니 문제로 삼지는 않는 것이 나을 것 같아요.

사회자 : 그럼 학교의 아이들은 왜 철우를 왕따시켰나요?

서준우 : 아이들은 철우의 돌을 던지는 겉모습만 보고 판단했기 때문입니다.

윤영하 : 철우를 이해하기 보다는 겉에 드러난 결과만 보고 그런 행동을 한 것같아요.

노두성 : 솔직히 어른들처럼 아이들도 편견을 갖고 있다고 생각이 들어요. 외부에서 온 장애를 가진 아버지를 둔 가난한 철우를 순수한 마음으로 받아들이지 못하는 것같아요.

사회자 : 여러분 같으면 철우를 왕따시켰을까요?

윤영하 : 글쎄요. 답하기는 쉽지 않지만 아마도 왕따시키지는 않았을 것 같아요. 그래도 저는 장애인을 이상한 눈으로 보지는 않으니까요.

노두성 : 저도 어릴 적에는 장애를 가진 사람을 나와 다르다고 생각했지만 지금은 그렇지 않아요. 특히 저희 반에 장애를 가진 친구가 있는데 그 친구를 통해 그런 선입견이 사라진 것 같아요.

서준우 : 만일 제가 철우의 속모습을 보지 못했다면 저도 철우네반 아이들처럼 철우를 왕따시켰을지도 모르겠어요.

사회자 : 그럼 선생님은 왜 할아버지가 공을 치도록 했을까요?

서준우 : 그래야만 할아버지의 마음을 바꿀 수 있을 것으로 생각했기 때문이에요.

사회자 : 어떻게 할아버지는 공을 치고나서 마음을 바꿀 수 있게 되었나요?

서준우 : 철우의 공을 직접 느끼게 해서 철우의 재능을 스스로 느껴보도록 한 것이지요.

윤영하 : 할아버지의 자존심을 꺾지 않고 철우네를 도울 수 있도록 한 매우 현명한 생각이었던 것 같아요.

노두성 : 할아버지도 야구를 하실 줄 아는 분이니까 철우의 야구적 재능을 하나의 공통점으로 연결하므로서 마음의 문을 열게한 것 같아요.

윤영하 : 선생님은 참 현명하고 지혜로운 분 같아요.

사회자 : 그럼 선생님의 어떤 점이 지혜롭다고 생각하나요?

윤영하 : 억지로 강요하기 보다는 스스로 깨닫게 하는 점이 그런 것 같아요.

서준우 : 서로의 자존심을 건드리지 않고 배려할 수 있게 만든 점이요.

노두성 : 공통점을 찾아 연결통로로 만든 점이 선생님의 좋은 점 같아요.

학생들의 자기질문방법에 의한 독서토의, 토론활동

사회자 : 이상으로 선생님이 준비한 발문이 모두 마무리 되었어요. 그럼 이제는 여러분이 질문을 만들어서 서로 토론해보는 시간을 가져봅시다.

서준우 : 제가 만든 질문은 "왜 선생님은 철우에게 또다시 직구를 던지라고 하였을까요?" 라고 만들어보았어요.

윤영하 : 저는 "왜 아버지는 노인들에게 따지지 않았을까?"라고 질문을 만들었어요.

노두성 : 저는 선생님이 준비한 발문과 비슷한 질문인데 "왜 마을사람들은 장애인인 철우네 가족을 좋아하지 않았을까요?"라고 만들었어요.

사회자 : 두성이 질문은 앞서 첫 번째로 토론해본 질문내용과 비슷해서 준우와 영하가 만든 질문을 갖고 토론해보아요. 먼저 준우가 만든 "왜 선생님은 철우에게 또다시 직구를 던지라고 하였을까요?"라고 했을까?

노두성 : 할아버지가 쉽게 공을 칠 수 있게 하기 위해서예요. 그래야 할아버지가 자존심을 상하지 않고 철우네를 받아들일 수 있게 되기 때문이에요.

윤영하 : 철우가 갖고 있는 야구재능을 할아버지가 느낄 수 있도록 배려한 것이기도 해요.

사회자 : 그렇군요. 그럼 영하가 만든 질문으로 토론해봅시다. "왜 아버지는 노인들에게 따지지 않았을까?"

서준우 : 철우의 아빠는 웃어른을 공경하고 공손한 성격을 가졌기 때문이에요.

노두성 : 듣지 못하기 때문에 그럴 수 있다고 봅니다. 노인들의 표정만 읽고 따지거나 대들지는 못하지 않을까 생각이 들어요.

책에 대한 핵심적 질문을 통한 독서토의, 토론활동

사회자 : 좋은 답변인 것같습니다. 그럼 이 책에서 가장 핵심적인 질문을 갖고 토론해봅시다. 흰머리 할아버지는 왜 철우네 가족을 마을에서 쫓아내지 않았나요?

서준우 : 제 생각으로는 철우네 가족에 대해 마음의 문을 열었기 때문이라고 생각해요.

노두성 : 저는 선생님의 역할이 매우 크지 않았나 싶어요.

사회자 : 선생님의 어떤 역할이 크게 작용했다고 생각하나요?

노두성 : 흰머리할아버지의 자존심을 살려주면서도 철우의 재능을 알게 한 점이 그런 것 같아요.

사회자 : 그렇군요. 그럼 또 다른 답변은 없나요?

윤영하 : 아마도 흰머리할아버지는 자신이 갖고 있던 편견을 깨고 철우네 가족의 속마음을 볼 수 있게 되었기 때문이라고 생각됩니다.

서준우 : 맞아요. 장애가 있어도 자신들과 다르지 않다는 것을 깨닫지 않았나 생각이 들어요.

사회자 : 그럼 이 책이 주는 작가의 메시지 혹은 주제는 무엇이라고 생각하나요?

서준우 : 저는 장애인이라고 차별해서는 안된다는 것이라고 생각해요. 이를 위해 이기적인 마음을 버려야한다는 연관된 주제를 함께 말하고 싶어요.

노두성 : 저는 고정관념이나 편견을 버리자는 것을 들고 싶어요. 장애인과 같은 사회적 약자에 대한 잘못된 생각들이 아직도 남아있다고 생각이 되요.

윤영하 : 저는 이 책의 선생님을 통해 얻은 주제인데요, 올바른 판단력과 대처법을 기르자는 것이에요. 선생님의 지혜가 아니었다면 철우네는 이 마을에서 살기 어려웠을 거예요.

책에 대한 상상적 질문을 통한 독서토의, 토론활동

사회자 : 좋습니다. 그럼 마지막으로 여러분이 마을 사람의 일원이라고 상상하고, 객관적인 입장에서 마을사람들에게 해주고 싶은 말을 떠올려보고 발표해보기로 해요.

노두성 : 제가 먼저 발표하겠습니다.

여러분! 제 말씀을 들어보세요. 여러분이 말하듯이 장애인이 마을에 들어왔다고 재앙이나 나쁜 일이 일어나는 것은 아닙니다. 아무런 과학적 근거가 없는 잘못된 편견일 뿐입니다. 무조건 장애인은 안된다고 하는 잘못된 편견을 버려 주시고 철우네가족을 받아주셨으면 합니다.

서준우 : 저는 어르신들이 장애인에 대해 고정관념을 갖고 차별하는 것은 올바르지 않다고 생각합니다. 어른들은 우리 아이들에게 장애는 나쁜 것이 아니라 단지 우리보다 좀더 어렵게 살아가는 사람이라고 가르쳐왔습니다. 그러나 어르신들은 말로만 가르치시고 행동으로는 실천하지 않았습니다. 제가 볼 때는 너무나 이기적인 생각을 갖고 있기 때문이라고 생각합니다. 정상인들이 더욱 돌보고 감싸주어야할 장애인들과 함께 더불어사는 세상이 더 아름다운 것입니다. 이제부터라도 어르신들께서 장애인에 대한 고정관념을 버리고 항상 누구에게나 열린 마음으로 대해주었으면 좋겠습니다.

윤영하 : 저는 최근에 우리 마을로 이사 온 철우네를 내쫓지 말았으면 합니다. 우선 우리에게 아무 잘못도 저지른 것이 없고 우리와 조금 다르다는 이유만으로 내쫓으려 하는 것 자체가 잘못된 것이라고 생각합니다. 이제는 이런 고정관념이 당연히 사라져야 한다고 생각하며, 우리 마을에서부터 먼저 사라져야한다고 생각합니다. 게다가 철우는 야구에 타고난 재능이 있고, 이러한 재능은 우리 마을에 힘이 될 수도 있습니다. 이렇게 내쫓을 이유조차 없고, 오히려 우리에게 도움이 되기까지 하는 철우네를 더 이상 내쫓으려 하지 말고 우리 마을의 일원으로 받아들여주었으면 좋겠습니다.

사회자 : 모두 좋은 내용의 발표였습니다. 두성이는 과학적 근거없는 편견을 없애자는 주장이고, 준우는 이기심을 논거로 들어 마을주민들에 대한 잘못을 지적하였고, 영하는 재능있는 철우를 통해 오히려 우리 마을을 빛낼 수 있다는 사실로 설득하였습니다. 이렇게 설득하기 위해서는 적절한 주장과 논거가 뒷받침되어야합니다. 모두 수고했습니다. 다음 독서토론을 위한 책은 『식민지 소년』입니다. 반드시 2번 이상 읽고 오기 바랍니다.

2. 독서토론의 대화, 문답사례

대상작품 : 마지막 왕자 (강숙인 글 / 푸른책들)

대상학년 : 초등학교 6학년 4명

사회자 : 배철우

토론방식 : CEDA식 토론을 기준으로 변용한 방식

논제 : 경순왕이 신라를 고려에게 넘긴 것은 옳은가?

긍정측 : 경순왕의 판단은 옳다. 마의태자의 판단이 옳지 않다.

부정측 : 경순왕의 판단은 옳지 않다. 마의태자의 판단이 옳다.

사회자 : 지금부터 독서토론을 시작하겠습니다. 이번 토론의 주제는 '경순왕이 신라를 고려에게 넘긴 것은 옳은가?'입니다. 토론진행은 긍정측 첫 번째 토론자의 입론 및 부정측 두 번째 토론자의 교차조사, 부정측 첫 번째 토론자의 입론 및 긍정측 두 번째 토론자의 교차조사, 긍정측 두 번째 토론자의 입론 및 부정측 첫 번째 토론자의 교차조사, 부정측 두 번째 토론자의 입론 및 긍정측 첫 번째 토론자의 교차조사, 그리고 부정측 첫 번째 토론자의 최종변론, 긍정측 첫 번째 토론자의 최종변론, 부정측 두 번째 토론자의 최종변론, 긍정측 두 번째 토론자의 최종변론 순서로 진행됩니다. 그럼 먼저 긍정측 첫 번째 토론자의 입론이 있겠습니다. 진행시간은 ○○분입니다. 시작하세요.

긍정측 첫 번째 토론자의 입론 : 패할 것이 분명한 싸움은 하지 말아야 한다. 많은 희생자가 생기는 비참하고 끔찍한 전쟁이 되기 때문에 피하는 것이 상책이다. 그리고 왕 하나만 살겠다는 것이 아니라 많은 백성을 살릴 수 있는 길이기 때문이다.

사회자 : 다음은 부정측 두 번째 토론자의 교차조사가 있겠습니다. 진행시간은 ○○분입니다.

부정측 두 번째 토론자의 교차 조사 :

문 : 왕의 정의는 무엇인가?

답 : '나라에 으뜸이 되는 사람'이라는 사전적 의미 그대로이다.

문 : 왕의 역할은 무엇인가?

답 : 나라를 잘 이끌어가고 국민을 보호하는 국가 지도자를 의미한다.

문 : 그렇다면 경순왕이 자신의 나라인 신라를 고려에게 싸우지도 않고 바친 것은 나라를 잘 이끌어가지 못한 왕의 역할을 저버린 것이 아닌가?

답 : 왕의 역할 중에서 국민을 보호해야 하는 것도 포함되므로 싸울 수 없는 빈약한 상태에서 막강한 힘을 가진 고려와 싸운다는 것은 국민의 안전을 위한 왕의 올바른 선택이다.

문 : 나라 없는 국민은 없는 것 아닌가?

답 : 국민은 살아 있는 생명이고 나라는 이러한 국민이 존재해야만 나라를 성립하므로 국민의 생명과 존재가 우선이다.

문 : 그렇다면 힘이 없거나 실력이 없으면 상대에게 무조건 포기를 해야 한다는 뜻인가?

답 : 그것은 너무 확대해석이다. 지금 상황은 막강한 고려군에게 싸울 힘조차 키우지 못한 신라군의 입장에서만 보아야한다.

사회자 : 이번에는 부정측 첫 번째 토론자의 입론이 있겠습니다. 진행시간은 ○○분입니다.

부정측 첫 번째 토론자의 입론 : 한 나라를 책임지려면 용기가 있어야 한다. 끝까지 싸워보지도 않고 포기하는 것은 왕으로서 수치스러운 일이다. 지금은 비록 힘이 약하다고 하나 산 속에서 군사를 길러 힘을 모으면 신라를 지킬 수도 있었을 것이다.

사회자 : 다음은 긍정측 두 번째 토론자의 교차조사가 있겠습니다. 진행시간은 ○○분입니다.

긍정측 두 번째 토론자의 교차 조사 :

문 : '용기'라는 말의 의미를 아는가?

답 : 물론이다. '씩씩하고 굳센 기운이며, 사물을 겁내지 않는 기개'란 뜻이다.

문 : 그렇다면 '무모함'의 말의 의미를 아는가?

답 : '앞뒤를 헤아려 깊이 생각하는 신중성이나 꾀가 없다'는 의미이다.

문 : 왕으로서 막강한 고려군에게 자신의 백성들을 내 모는 것은 무모한 행동이 아닌가?

답 : 아니다. 용기라고 생각한다.

문 : 산 속에서 군사를 길러 힘을 모으면 신라를 지킬 수도 있었다고 했는데 현실적으로 가능한가?

답 : 2차 세계 대전 당시에 프랑스에서는 레지스탕스의 활약이 프랑스를 되찾는데 큰 역할을 하였다. 이처럼 신라도 군사를 길러 나라를 지킬 수 있는 것이다.

문 : 프랑스가 다시 나라를 되찾은 것은 레지스탕스의 활약도 있었지만 미국과 같은 연합국의 역할이 더 크다는 사실을 아는가?

답 : 인정한다.

사회자 : 다음은 긍정측 두 번째 토론자의 입론이 있겠습니다. 진행시간은 ○○분입니다.

긍정측 두 번째 토론자의 입론 : 일단 항복했다가 나중에 기회를 보아서 다시 나라를 되찾으면 될 것이다. 또한 왕의 체면을 생각하면 끝까지 싸워야하겠지만 체면보다는 당장 사라질 생명을 구해야 하기 때문에 왕으로서도 어쩔 수 없는 선택이었다.

사회자 : 다음은 부정측 첫 번째 토론자의 교차조사가 있겠습니다. 진행시간은 ○○분입니다.

부정측 첫 번째 토론자의 교차 조사 :

문 : 길고 짧은 것은 대보아야한다는 속담을 알고 있는가?

답 : 잘 알고 있다.

문 : 고려군과 길고 짧은 것을 대볼 수 있는 기회조차 갖지 않은 것은 왕으로서의 나약함과 비겁함이 아닌가?

답 : 아니다. 경순왕은 앞서 입론했던 것처럼 백성들의 생명을 중시했기에 이같은 판단을 한 것이다.

문 : 나라 없는 설움을 알고 있는가?

답 : 알고 있다.

문 : 일제에게 나라를 잃은 경험에서도 알다시피 나라없는 국민은 인권이나 자유를 보장받지 못한다. 다시 말해서 인간의 기본권이 상실되어 너무나도 비참하고 어렵게 살아가야한다. 따라서 어떻게 하든 나라를 지키려고 싸우는 것이 왕의 올바른 판단이 아닌가?

답 : 앞서도 얘기했지만, 국민이 있어야 나라가 존재한다. 국민의 생명을 잃고서 무슨 인권이며 기본권을 논한단 말인가.

사회자 : 다음은 부정측 두 번째 토론자의 입론이 있겠습니다. 진행시간은 ○○분입니다.

부정측 두 번째 토론자의 입론 : 어떤 일을 미리 포기하는 것은 어리석은 일이다. 길고 짧은 것은 대봐야 아는 것, 힘이 없으면 지혜로 물리칠 수도 있다. 싸우다 죽더라도 태자처럼 대항하는 것이 조상들에게도 국민들에게도 부끄럽지 않을 것이다.

사회자 : 다음은 긍정측 첫 번째 토론자의 교차조사가 있겠습니다. 진행시간은 ○○분입니다.

긍정측 첫 번째 토론자의 교차 조사 :

문 : 지혜로 적을 물리친 전쟁의 사례를 아는가?

답 : 삼국지의 제갈공명의 예를 들 수 있다. 적벽대전의 경우, 조조군을 유비군이 당해낼 수 없었지만 제갈공명의 지혜로 적은 군사력 만으로도 조조군을 물리칠 수 있었다.

문 : 그렇다면 신라에 제갈공명과 같은 지혜로운 장수가 있었는가?

답 : 정확하게 말하기는 어렵다.

문 : 그렇다면 마의태자가 지혜롭다고 할 수 있는가?

답 : 마의태자가 지혜로운지에 대해서는 말할 수 없다. 다만 신라의 장수들이 나라를 구하기 위해 지혜를 모으는 것은 가능하다.

문 : 싸우다 죽더라도 태자처럼 대항하는 것이 조상이나 국민들에게 부끄럽지 않다고 한다고 했는데 많은 백성들이 죽거나 다친 후 나라를 잃게 되면 오히려 더 부끄러운 결과가 아닌가?

답 : 가정에 따른 답변은 하지 않겠다.

문 : 토론자는 답변을 회피하고 있는 것 아닌가?

답 : 회피가 아니다. 나라를 위해 목숨을 바치며 싸우는 것은 그 나라의 백성이라면 당연하다. 안중근, 유관순, 김구와 같이 비록 나라에 힘이 없다하더라도 끝까지 나라를 위해 싸우는 것이야말로 올바른 판단이며, 행동이라고 생각한다.

사회자 : ○○분간 각 팀별로 작전타임이 있겠습니다.

사회자 : 다음은 부정측 첫 번째 토론자의 최종변론이 있겠습니다. 진행시간은 ○○ 분입니다.

부정측 첫 번째 토론자의 최종변론 : 한 나라를 책임지려면 용기가 있어야 한다. 왕은 그런 용기와 리더십을 지녀야 진정한 왕이라 할 수 있다. 비록 힘이 고려에 비해 객관적으로 약하다고 해도 온힘을 다해 지혜를 끌어모으고 다양한 병법을 활용하여 이겨내기 위해 노력해야만 한다. 끝까지 싸워보지도 않고 포기하는 것은 왕으로서 수치스러운 일이다. 그리스 스파르타가 페르시아의 막강한 적에 맞서 300명의 용사로서 죽기를 각오하고 싸워 페르시아에게 큰 피해를 준 것이나 백제의 계백이 죽기를 각오하고 5천명의 군사를 이끌고 나라를 위해 싸운 일은 경순왕의 판단과 행동이 옳지 않음을 증명한다.

사회자 : 다음은 긍정측 첫 번째 토론자의 최종변론이 있겠습니다. 진행시간은 ○○ 분입니다.

긍정측 첫 번째 토론자의 최종변론 : 교차조사시에도 언급했지만 패할 것이 분명한 싸움은 하지 말아야 한다. 많은 희생자가 생기는 비참하고 끔찍한 전쟁이 되기 때문에 피하는 것이 가장 좋은 전략이다. 작전상 후퇴란 말이 있지 않은가. 우선 백성들의 목숨을 살린 후에 다시 빼앗긴 나라를 구하는 방법도 있다. 무조건 싸우다가 결국 많은 희생을 통해 다시는 치유되지 않고 사라져버리는 그런 나라의 왕이 될 수 는 없다. 소크라테스가 악법도 법이다라고 말하고 죽은 후 아리스토텔레스도 비슷한 상황에서 죽을 수도 있었지만 두 번 다시 아테네에서 죄를 짓게 하지 않겠다고 말하고 자리를 피해 그의 철학이 더욱 발전할 수 있었던 것도 무모하게 대항하지 않았기 때문이다. 상황에 따라 적절한 후퇴도 필요하다.

사회자 : 이번엔 부정측 두 번째 토론자의 최종변론이 있겠습니다. 진행시간은 ○○분입니다.

부정측 두 번째 토론자의 최종변론 : 어떤 일을 미리 겁먹고 포기하는 것은 어리석은 일이다. 길고 짧은 것은 대봐야 아는 것이며, 힘이 없으면 지혜로 물리칠 수도 있는 것이다. 엄청난 수의 수나라 군사를 강물 속에 수장했던 을지문덕의 지혜와 용맹처럼, 배 12척만을 갖고서 수많은 왜군의 배를 물속에 가라앉게 한 이순신의 지혜와 용기를 통해 단지 힘이 열세라는 이유만으로 나라를 넘기는 경순왕의 판단과 행동은 비겁하고 수치스럽다. 싸우다 죽더라도 마의태자처럼 대항하는 것이야말로 올바른 판단이자 행동이다.

사회자 : 다음은 긍정측 첫 번째 토론자의 최종변론이 있겠습니다. 진행시간은 ○○분입니다.

긍정측 두 번째 토론자의 최종변론 : 앞서 언급했듯이 백성의 생명이 보장되어야 나라도 존재할 수 있다. 왕의 판단 하나가 엄청난 살육과 잔인한 죽음을 불러올 수 있다는 사실을 알아야한다. 마케도니아의 알렉산드로스대왕도 인도까지 정복하려다가 군사들이 정복전쟁을 그만 두고 고향으로 돌아가자는 의견에 발길을 돌린 것처럼 백성의 의견과 안위가 우선이다. 독일의 히틀러처럼 자신의 욕심만을 채우려 전쟁을 일으켰다가 결국 많은 독일 국민들의 희생을 불러왔고 결국 항복해야하는 수치를 겪어야 했다. 왕의 체면을 생각하면 끝까지 싸워야하겠지만 체면보다는 당장 사라질 생명을 구하는 것이 우선이라고 생각한 경순왕의 판단과 행동은 옳다.

• 제1원칙

두명이 한팀이 되어 진행한다. 그 이유는 두 명의 참가자 모두 주도적, 능동적인 토론에 집중할 수 있도록 하기 때문이다. 세 명이상이 되면 두 명이 토론할 때 나머지 한명은 잠시 토론에 참여하지 않을 수도 있기 때문이며 참가한 두 명의 토론자는 먼저 논제에 따라 찬성과 반대의 입장에서 토론을 하고 난 후, 입장을 바꾸어 진행하는 것이 하브루타 토론만의 특성이며 이것은 다른 입장에서도 생각해볼 수 있도록 하는 열린 마음을 갖게 하는 효과가 있다.

• 제2원칙

토론시 엄지를 사용한다. 자신의 의견을 어필할 때 엄지 손가락을 올리는 것은 창의적, 논리적 측면에서의 자신감이 생길 때를 의미하며, 상대방의 의견에 조목조목 반론을 할 경우 엄지 손가락을 아래로 내린다.

• 제3원칙

리듬을 탄다. 도서관에서 이들이 토론하는 경우 단지 시끄럽다고 생각할 수 있으나 실은 각자 리듬을 타서 자신의 주장을 어필하는 것이다. 이것이 익숙해지면 옆에서 큰 소리를 내어도 음악을 듣는 듯한 느낌으로 즐기면서 자신의 상대방 토론자와 토론을 이어 나가는 것이다.

• 제4원칙

개방된 공간에서 토론이 이루어진다. 수백 명에서 수천 명까지 개방된 장소나 공간에서 토론을 한다. 앞서 굉장히 혼란스럽고 시끄럽다고 느껴질 수 있으나 다른 사람들의 의견이나 모습을 보면서 동기부여를 얻게 되며, 이런 공간은 자신의 주장을 설득하기 위해 더욱 자신감을 키우도록 하는 환경이 되는 것이다.

• 제5원칙

짝을 바꾸어 토론한다. 서로 다른 지식과 경험을 함께 공유하면서 보다 높은 시너지효과를 얻을 수 있기 때문이다. 또한 발표력, 자신감, 다른 사람과의 관계성과 소통능력도 키울 수 있게 된다.

• 제6원칙

하브루타 토론은 때와 장소를 불문하고 이루어진다. 교육적 의미에서는 주로 개방된 토론장소에서 이루어지지만 식탁에서, 침대옆에서, 소파에서, 공원에서, 카페에서 어디든 나이를 불문하고 토론을 할 수 있다. 또한 토론에 있어 정해진 시간은 없다. 즉 끝도 없이 계속할 수 있는 것이다. 만일 서로 합의가 되었거나 결론이 난 논쟁이어도 새로운 사실과 논리가 발생하면 언제든 토론을 재개할 수 있는 것이다. 이러한 원칙은 끊임없는 탐구활동이 가능하게 만드는 원동력이 된다.

독서문화진흥법

[시행 2013.3.23.] [법률 제11690호, 2013.3.23., 타법개정]

문화체육관광부(인문정신문화과), 044-203-2608

제1장 총칙

제1조(목적) 이 법은 독서 문화의 진흥에 관한 기본적 사항을 규정하여 국민의 지적 능력을 향상하고 건전한 정서를 함양하며 평생 교육의 바탕을 마련함으로써, 국가 경쟁력을 강화하고 국민의 균등한 독서 활동 기회를 보장하며 삶의 질을 개선하는 데 이바지함을 그 목적으로 한다.

제2조(정의) 이 법에서 사용하는 용어의 정의는 다음과 같다.
1. "독서 문화"란 문자를 사용하여 표현된 것을 읽고 쓰는 활동을 중심으로 하여 이루어지는 정신적인 문화 활동과 그 문화적 소산을 말한다.
2. "독서 자료"란 문자를 사용하여 표현된 도서 · 연속간행물 등 인쇄 자료, 시청각 자료, 전자 자료 및 장애인을 위한 특수 자료 등 독서 활동에 필요한 자료를 말한다.
3. "독서장애인"이란 시각 장애, 노령화 등 신체적 장애로 독서 자료를 이용할 수 없는 자를 말한다.
4. "학교"란 「초 · 중등교육법」에 따른 학교를 말한다.

제3조(국가 및 지방자치단체의 책무) 국가와 지방자치단체는 독서 문화 진흥에 필요한 시책을 수립하여 시행하여야 한다.

제4조(다른 법률과의 관계) 독서 문화 진흥에 관하여는 다른 법률에 특별한 규정이 있는 경우를 제외하고는 이 법에서 정하는 바에 따른다.

제2장 독서 문화 진흥 기본 계획 수립 등

제5조(독서 문화 진흥 기본 계획) ① 문화체육관광부장관은 관계 중앙행정기관의 장과 협의하여 독서 문화 진흥을 위한 기본 계획(이하 "기본 계획"이라 한다)을 5년마다 수립하여 시행하여야 한다. 〈개정 2008.2.29., 2009.3.5.〉

② 기본 계획에는 다음 각 호의 사항이 포함되어야 한다.

1. 독서 문화 진흥 정책의 기본 방향과 목표

2. 도서관 등 독서 문화 진흥을 위한 시설의 개선과 독서 자료의 확보

3. 독서장애인, 소외지역, 소외계층의 독서 환경 개선

4. 독서 활동 권장·보호 및 육성과 이에 필요한 재원 조달에 관한 사항

5. 독서 문화 진흥에 필요한 독서 자료의 생산과 유통 진흥에 관한 사항

6. 독서 문화 진흥을 위한 조사·연구

7. 그 밖에 독서 문화 진흥에 필요하다고 인정되는 사항

③ 기본 계획의 수립·시행과 관련하여 문화체육관광부장관의 요청이 있을 때에는 관련 기관이나 단체 등은 특별한 사정이 없는 한 이에 협조하여야 한다. 〈개정 2008.2.29.〉

④ 기본 계획의 수립 절차 등에 관하여 필요한 사항은 대통령령으로 정한다.

제6조(연도별 시행 계획) ① 문화체육관광부장관, 관계 중앙행정기관의 장, 특별시장·광역시장·도지사 또는 특별자치도지사(이하 이 조에서 "시·도지사"라 한다)는 기본 계획에 따라 연도별 시행 계획을 수립하여 시행하여야 한다. 〈개정 2008.2.29.〉

② 연도별 시행 계획의 수립·시행과 관련하여 문화체육관광부장관, 관계 중앙행정기관의 장 또는 시·도지사의 요청이 있을 때에는 관련 기관이나 단체 등은 특별한 사정이 없는 한 이에 협조하여야 한다. 〈개정 2008.2.29.〉

③ 제1항의 규정에 따른 연도별 시행 계획의 수립·시행에 관하여 필요한 사항은 대통령령으로 정한다.

제3장 삭제 〈2009.3.5.〉

제7조 삭제 〈2009.3.5.〉

제4장 독서 진흥

제8조(독서 교육 기회 제공) 국가와 지방자치단체는 모든 국민에게 독서 교육의 기회를 균등하게 제공하기 위하여 노력하여야 한다.

제9조(지역의 독서 진흥) ① 지방자치단체의 장은 지역 주민이 독서를 생활화하는 데 필요한 독서 시설의 마련 등 독서 진흥에 관한 여건을 조성하고 이를 지원하여야 한다.
② 지방자치단체의 장은 매년 1회 이상 독서 관련 행사를 개최하거나 독서 관련 기관이나 단체가 이를 개최하도록 지원하여야 한다.

제10조(학교의 독서 진흥) ① 교육부장관은 학교 교육을 받는 동안 모든 국민이 독서 문화 진흥의 혜택을 누릴 수 있도록 그 교육 과정의 전체를 통하여 읽기 능력, 쓰기 능력 등의 언어에 관한 능력을 향상하기 위하여 노력하여야 한다. 〈개정 2008.2.29., 2013.3.23.〉
② 교육부장관은 학교의 독서 문화 진흥을 위하여 다음 각 호의 사항을 포함하는 시책을 수립하여 시행하여야 한다. 〈개정 2008.2.29., 2013.3.23.〉
1. 학교의 독서 교육 활성화를 위한 계획의 수립·시행에 관한 사항
2. 학교 도서관의 신설·확충 및 환경 개선에 관한 사항
3. 학교의 독서 자료의 확보와 독서 지도를 담당하는 교사의 배치에 관한 사항
4. 독서 교육 관련 교육 과정과 교육 내용의 연구·개발 및 보급에 관한 사항
5. 그 밖에 학교의 독서 문화 진흥에 필요한 사항
③ 학교의 장은 학생이 독서를 생활화할 수 있도록 독서 모임의 운영 장려, 학교 도서관의 설치·운영 등 필요한 여건을 조성하고 이를 지원하여야 한다.
④ 학교의 장은 독서 활동이 학교 도서관 활동과 유기적으로 연계될 수 있도록 운영하여야 한다.
⑤ 학교의 장은 학교에서 독서를 생활화하기 위하여 사서 교사나 독서 교육을 전담하는 교사를 1명 이상 둘 수 있다.

제11조(직장의 독서 진흥) ① 국가와 지방자치단체는 직장 내의 독서 활동을 활성화하는 데 필요한 시책을 강구하여야 한다.
② 국가와 지방자치단체는 직장인의 독서 활동을 활성화하기 위하여 직장에 독서 모임을 두도록 장려하여야 하며, 그 모임의 육성에 필요한 시책을 강구할 수 있다.

제12조(독서의 달 행사 등) ① 국가는 국민의 독서 의욕을 고취하고 독서의 생활화 등 독서 문화 진흥에 대한 국민의 적극적인 참여를 유도하기 위하여 독서의 달을 설정하여야 한다.

② 국가나 지방자치단체는 독서 진흥에 공적이 있는 자와 독서 실적이 우수한 자 등에게 포상하거나 표창을 수여하거나 장학금을 지급할 수 있다.

③ 제1항 및 제2항의 규정에 따른 독서의 달 설정, 독서 관련 행사, 포상·표창 및 장학금의 지급 등에 관하여 필요한 사항은 대통령령으로 정한다.

제5장 보칙

제13조(관계기관과의 협력) 국가와 지방자치단체는 기본 계획이 원활하게 시행될 수 있도록 도서관·학교 등 문화 기관이나 교육 기관과 협력하여야 한다.

제14조(행정상·재정상의 조치) 국가와 지방자치단체는 독서 문화 진흥 사업의 추진에 필요한 행정상·재정상의 조치와 그 밖의 필요한 조치를 하여야 한다.

제15조(연차 보고) 정부는 매년 독서 진흥에 관한 시책과 그 시행 결과에 관한 연차 보고서를 정기국회 개회 전에 국회에 제출하여야 한다.

부칙 〈법률 제8100호, 2006.12.28.〉
이 법은 2007년 4월 5일부터 시행한다.

부칙 〈법률 제8852호, 2008.2.29.〉 (정부조직법)
제1조 (시행일) 이 법은 공포한 날부터 시행한다. 다만, ···<생략>···, 부칙 제6조에 따라 개정되는 법률 중 이 법의 시행 전에 공포되었으나 시행일이 도래하지 아니한 법률을 개정한 부분은 각각 해당 법률의 시행일부터 시행한다.

제2조부터 제5조까지 생략
제6조 (다른 법률의 개정) ①부터 <252>까지 생략
<253> 독서문화진흥법 일부를 다음과 같이 개정한다.
제5조 제1항·제3항, 제6조 제1항·제2항 및 제7조 제1항 각 호 외의 부분·제4항 중 "문화관광부

장관"을 각각 "문화체육관광부장관"으로 한다.

제10조 제1항 및 제2항 중 "교육인적자원부장관"을 "교육과학기술부장관"으로 한다.

<254>부터 <760>까지 생략

제7조 생략

부칙 〈법률 제9470호, 2009.3.5.〉

이 법은 공포 후 6개월이 경과한 날부터 시행한다.

부칙 〈법률 제11690호, 2013.3.23.〉 (정부조직법)

제1조(시행일) ① 이 법은 공포한 날부터 시행한다.

② 생략

제2조부터 제5조까지 생략

제6조(다른 법률의 개정) ①부터 <256>까지 생략

<257> 독서문화진흥법 일부를 다음과 같이 개정한다.

제10조제1항 및 같은 조 제2항 각 호 외의 부분 중 "교육과학기술부장관"을 각각 "교육부장관"으로 한다.

<258>부터 <710>까지 생략

제7조 생략

■ 부록 4. CEDA 토론 개요서

대회명	○○○○ 토론대회				
학교명		팀명		팀원 성명	1. 2. 3.
논제					
용어 정의					
쟁점	• 쟁점 1 : • 쟁점 2 : • 쟁점 3 :				

		긍정측	부정측
쟁점1	주장		
	근거		
쟁점2	주장		
	근거		
쟁점3	주장		
	근거		

( )학교	학번	이름 :
논제		
핵심논점		
예상핵심어		

▶ 세부주제1 -

• 견해 :

• 논거 :

• 예시 :

▶ 세부주제2 -

• 견해 :

• 논거 :

• 예시 :

토론 소감, 평가	

■ 부록 6. 토론 준비표

논제	
주장	나는 (찬성, 반대)합니다.
이유 및 근거	

질문 준비 (상대방에게 어떤 질문을 할 것인가?)	• • •

	예상 질문(상대방이 질문하면)	답변(이렇게 답할 것이다)
질문에 대한 답변준비		

최종 변론 (내 주장의 타당성을 다시 강조)	

■ 부록 7. 찬성/반대입론서 양식

팀 명		팀 원			
논 제					

■ 참고문헌

- 2015년 NCS 개발 가이드라인 북.
- EBS 다큐멘터리 학교란 무엇인가 제7부 책읽기, 생각을 열다.
- EBS 다큐프라임 행복의 조건, 복지국가를 가다.
- EBS 다큐프라임 창의성을 찾아서.
- EBS 집중기획 검색보다 사색입니다.
- KBS 다큐멘터리 책 읽는 대한민국, 읽기혁명 2부작.
- KBS 다큐멘터리 공부하는 인간 5부작.
- KBS 스페셜 다큐멘터리 세계탐구기획 유대인 2부작.
- KBS 과학카페 읽기의 과학.
- KBS 수요기획−세상을 이끄는 1%천재들의 독서법, 천재 책을 말하다.
- NCS홈페이지 : http://www.ncs.go.kr/ncs/page.do?sk=P1A1_PG01_001.
- 강숙인 (2007). 마지막 왕자. 서울: 푸른책들.
- 강태완·김태용·이상철·허경호 (2001). 토론의 방법. 서울: 커뮤니케이션북스.
- 고재학 (2010). 부모라면 유대인처럼. 예담프렌드.
- 고정욱 (2004). 아빠에게 돌 던지는 아이. 중앙출판사.
- 교육과학기술부 (2012). 인성교육 비전수립 및 실천방안 연구. 42−62.
- 김국태 (2003). 실용논리학. 서울: 철학과 현실사.
- 김규원 (2013). 독서치료가 고등학생의 인성과 사회성 발달에 미치는 영향에 관한 연구. 경기대학교 석사학위논문.
- 김봉군 (2005). 독서와 가치관 읽기. 서울: 박이정.
- 김수혜 (2013). 인성교육 관련 그림책을 활용한 토의활동이 유아의 자아개념 및 친사회적 행동에 미치는 영향. 전남대학교 석사학위논문.
- 김진자, 헤츠키 아리엘리 (2014). 탈무드 하브루타 러닝. 서울: 국제인재개발센터.

- 김태진 (1991). 독서가 인격 형성에 미치는 영향에 관한 연구—동화를 중심으로. 한양대학교 석사학위논문.
- 김현정, 김숙자, 윤나리 (2013). 동화를 활용한 인성교육 활동이 유아의 자아개념과 친사회적 행동에 미치는 효과. 한국영유아교원교육학회.
- 김희정·박은지 (2014). 비판적 사고를 위한 논리. 서울: 아카넷.
- 마빈 토카이어 (2001). 탈무드. 서울: 인디북스.
- 박완서 (1999). 자전거 도둑. 경기: 다림.
- 박현지 (2015). 인성동화를 활용한 협동활동이 유아의 배려적 사고에 미치는 영향. 건국대학교 석사학위논문.
- 배철우 (2007). 책벌레 공부벌레. 서울: 예영커뮤니케이션.
- 배철우 (2009). 책읽어주는 부모가 진짜 부모다. 서울: 예영커뮤니케이션.
- 배철우 (2014). 독서교육, 스토리텔링을 만나다. 서울: 예영커뮤니케이션.
- 배철우 (2016). 인성교육, 독서토론을 만나다. 서울: 정인출판사.
- 쉘 실버스타인 (2000). 어디로 갔을까 나의 한쪽은. 서울: 시공주니어.
- 신병철 (2005). 논술의 법칙. 서울: 살림.
- 신헌재 외 (2002). 독서교육의 이론과 실제. 서울: 박이정.
- 신현순 (2006). 인성함양을 위한 독서지도 방안 연구. 수원대학교 석사학위논문.
- 안미경 (2015). 다문화가정 자녀를 위한 동화 활용 인성교육 방안 연구. 한국외국어대학교 석사학위논문.
- 안민욱 (2014). 그림동화를 활용한 인성교육 방안 연구. 한국교원대학교 석사학위논문.
- 아먀구치 마유 (2015). 7번읽기공부법. 경기: 위즈덤하우스.
- 오길주 (2014). 독서교육의 이해. 서울: 기역.
- 우영효 (2015). 쉽게 풀어 쓴 인성교육과 직업윤리. 서울: 동문사.
- 유모토 가즈미 (2005). 여름이 준 선물. 서울: 푸른숲.
- 이경화 (2001). 범교과에서의 창의 인성수업모델 및 교원연수 프로그램 개발. 한국과학창의재단.
- 이두원 (2006). CEDA 찬반 논쟁의 커뮤니케이션 전략 연구: 효과적인 입론, 교차조사, 반박을 중심으로. 『커뮤니케이션학 연구』, 제14권 1호, 90~123.
- 이문열 (1998). 우리들의 일그러진 영웅. 경기: 다림.
- 이민영 (2004). 독서지도를 통한 인성교육. 진주교육대학교 석사학위논문.

- 이선영 (2004). 글 있는 그림책을 이용한 독서치료 프로그램이 시설아동의 자아존중감에 미치는 효과. 성균관대학교 석사학위논문.
- 이성은 (2013). 그림책 활용에 따른 인성교육활동이 만3세 유아의 자기조절능력 및 친사회적 행동에 미치는 영향. 성신여자대학교 석사학위논문.
- 이재식 (2005). 알기쉬운 논술과 토론. 서울: 고요아침.
- 장철문 (2003). 심청전. 서울: 창작과비평사.
- 전성수 (2012). 부모라면 유대인처럼-하브루타로 교육하라. 서울: 예담프렌드.
- 전영우 (2003). 토론을 잘 하는 법. 서울: 거름.
- 전정재 (2001). 독서의 이해. 서울: 한국방송출판.
- 정옥년 역 (2003). 독서전략을 활용한 교과학습지도. 서울: 가톨릭문화원.
- 정옥년·김순덕 역 (2001). 독서력 발달지도. 서울: 가톨릭문화원.
- 조슈아박 (2005). 글로벌 인재, 토론이 답이다. 서울: 넥서스.
- 최선희 (1997). 아동의 사회적 자아개념과 인간관계의 증진을 위한 독서요법의 효과. 경북대학교 석사학위논문.
- 최 훈 (2003). 논리는 나의힘. 서울: 세종서적.
- 탁석산 (2006). 토론은 기싸움이다. 서울: 김영사.
- 한국독서학회 (2003). 21세기 사회와 독서지도. 서울: 박이정.
- 한상철 (2006). 토론. 서울: 커뮤니케이션북스.
- 한철우 외 (2001). 독서 클럽 활동을 통한 인성 지도 방안 연구. 연구보고(RR 99-1(상)). 한국교원대학교 부설 교과교육공동연구소.
- 햇살과나무꾼 (2002). 우리 명절에는 어떤 이야기가 숨어있을까. 서울: 채우리.